조선의 미를 찾다

아사카와 노리타카의 재조명

Seeking Beauty of Joseon

Re-examining Noritaka Asakawa

아연 인문교양총서 1

조선의 미를 찾다

아사카와 노리타카의 재조명

정병호·엄인경 지음

아연출판부
고려대학교 아세아문제연구소

▎목 차 ▎

〈아연 인문교양총서〉를 기획하며 • 6
책을 펴내며 • 9

1장 한일해협을 건너는 일본인들의 군상과 노리타카의 조선행 • 14
아사카와 노리타카 · 다쿠미 형제의 성장 배경 • 16
일본인의 식민지 열기와 한반도 이주 • 20
아사카와 노리타카의 한반도 행 • 28

2장 근대일본의 조선 문화 인식과 아사카와 노리타카 • 39
근대국민국가의 형성과 조선 인식 • 41
근대일본의 조선 문화 인식 • 45
아사카와 노리타카 · 다쿠미 형제의 조선 문화 인식의 의의 • 51

3장 일제강점기 조선 전통예술 최초의 '한류' 붐 • 60
2000년대 한류의 등장과 한국 문화 • 62
야나기 무네요시와 조선 도자기의 재인식 • 67
조선백자의 재인식과 한류라는 창 • 76

4장 도자기에서 조선의 미를 발견하다 • 84
근대 조선 예술의 범위 • 87
미술가로서의 노리타카와 도자기 그림 • 98
백자, 조선의 미와 예술의 상징 • 104

아연 인문교양총서 1

조선의 미를 찾다

아사카와 노리타카의 재조명

정병호·엄인경 지음

아연출판부
고려대학교 아세아문제연구소

▌목 차▐

〈아연 인문교양총서〉를 기획하며 • 6
책을 펴내며 • 9

1장 한일해협을 건너는 일본인들의 군상과 노리타카의 조선행 • 14
아사카와 노리타카 · 다쿠미 형제의 성장 배경 • 16
일본인의 식민지 열기와 한반도 이주 • 20
아사카와 노리타카의 한반도 행 • 28

2장 근대일본의 조선 문화 인식과 아사카와 노리타카 • 39
근대국민국가의 형성과 조선 인식 • 41
근대일본의 조선 문화 인식 • 45
아사카와 노리타카 · 다쿠미 형제의 조선 문화 인식의 의의 • 51

3장 일제강점기 조선 전통예술 최초의 '한류' 붐 • 60
2000년대 한류의 등장과 한국 문화 • 62
야나기 무네요시와 조선 도자기의 재인식 • 67
조선백자의 재인식과 한류라는 창 • 76

4장 도자기에서 조선의 미를 발견하다 • 84
근대 조선 예술의 범위 • 87
미술가로서의 노리타카와 도자기 그림 • 98
백자, 조선의 미와 예술의 상징 • 104

5장 조선의 문화 유적을 지키다 • 122
조선 건축물 옹호론 • 124
조선 자연 옹호론 • 132
노리타카의 조선 음악 옹호론 • 139

6장 일본의 전통시가로 조선을 노래하다 • 150
일본 전통시가와 도자기 • 154
전통시가 서적의 장정과 도자기 • 163
노리타카의 단카와 조선의 미 • 168

7장 아사카와 노리타카를 기억하다 • 182
조선 미술공예의 국립민족박물관 이관 • 184
전후 아사카와 노리타카의 활동과 추모 • 188
아사카와 형제의 기억 • 194

부록 아사카와 노리타카 연보 • 204

▌〈아연 인문교양총서〉를 기획하며 ▌

탈냉전 이후 일본과 한국에 이어 중국이 국제무대에서 급부상하면서 동북아는 세계에서 가장 역동적인 지역으로 주목받고 있다. 특히 동북아의 경제적 성장은 지구적 차원의 정치·경제적 질서뿐 아니라 문화, 사상, 종교 등 다양한 분야에서 심대한 영향을 미치고 있다. 이러한 동북아의 역동적 변화는 학문적 연구 대상으로도 주목받고 있다. 한편, 이 지역은 역사적·문화적 기반을 공유하고 있음에도 불구하고, 침략과 저항, 식민 지배, 냉전으로 대표되는 상호 대립과 갈등으로 점철되어 왔다. 역사적 경험과 현실적 이해에 따라 동북아는 협력과 공존의 방향으로 나아갈 수도, 대립과 갈등으로 나아갈 수도 있다. 동북아에 대한 이해의 폭을 넓히고, 새로운 해석을 제공하기 위해서는 역사·사상·문화·정치·경제적으로 그 복합적인 역동성과 상호 대립·갈등·협력 양상을 분석·성찰해야 한다.

최근 동북아에서는 인적·사상적·물적 교류와 순환이 활발해지면서 이주, 환경, 무역, 국제 협력 등의 영역에서 개별 국가 차원을 뛰어넘는 초국가적 현상이 급증하고 있다. 예를 들면 노동, 결혼, 유학으로 인한 지역 내 인구 이동으로 내국인과 이주 외국인 간의 상호 충돌 혹은 공생관계라는 측면에서 다문화, 시민권과 국적, 정체성 문제가 복합적으로 얽혀 있다. 이러한 현상을 총체적으로 이해하기 위해서는 국가 단위의 분석에 치중해 온 기존의 접근과는 다른, 새로운 초국가적 접근 방법이 필요하다.

지역공동체를 오래 전부터 구상해 온 유럽에서는 지역 전체를 하나의 단위로 보는 연구가 활발하지만, 동북아에서는 그러한 시도가 아직 미미한 수준에 머물러 있다. 또한 그 동안 국내의 해외 지역 연구는 인문학과 사회과학 간의 학문적 경계가 높아 학제적 공동 연구가 취약했다. 역동적인 동북아에 대한 보다 정확하고 심층적인 이해·분석을 위해서는 중국학, 일본학, 한국학 등 국가 단위의 분절적 지역 연구를 넘어 동북아를 분석 단위로 하는 지역 연구가 필요하다. 아울러 인문학과 사회과학으로 나뉜 기존의 동북아 지역 연구 관행을 뛰어 넘는 학제 간 종합적 지역 연구도 요구된다.

아연은 1957년 설립 이래 학제 간 연구 실적 축적과 동북아 지역 연구의 선도적 역할, 안정적 재정과 연구 인력 확보, 지속적인 연구 인프라 구축, 동북아 지역 전문 연구재단 등재지 발간, 사회와의 소통 등 다방면에서 국내 최고 수준의 대학 부설 연구소로 자리매김해 왔다. 이런 성과를 바탕으로 2008년부터 한국연구재단의 '인문 한국'(HK) 사업 해외 지역학 분야의 지원기관으로 선정되어, '동북아시아의 초국가적 공간: 사상, 사회문화, 제도의 교류와 재구성'이라는 연구 의제를 중심으로 대규모 연구 사업을 진행하고 있다. 아연은 '인문 한국' 사업의 성과, 각종 동북아 지역 연구 지원, 국내외 소장학자 교류 지원 프로그램을 기반으로 한 연구 성과를 〈아연동북아총서〉를 통해 발간함으로써 학계에 크게 기여한 바 있다.

아연은 '인문 한국' 사업을 마무리하는 현 시점에서 〈아연 인문교양총서〉를 기획했다. 본 총서는 동북아 근현대 시기에 한국에서 활동했던 외국인 가운데, 동북아 근현대의 경제·학술문화·사회운동 등 각 방면에서 비교적 큰 영향을 미친 인물을 선정하여, 그 사상과 활동을 정리하고 평가하는 것을 목표로 한다. 이는 동북아에 대한 제국과 식민지, 지배와 피지배 등의 구도로만 파악했던 기존의 연구 관행을 뛰어넘어 상호 이해와 긍정적 영향을 주었던 것을 역사적 사실을 재조명하고자 하는 것이다. 이를 위해 동북아의 초국가적 공간 속에서 국가 간 민족 간 대립 갈등이라는 상황 속에서도 동북아의 교류에 기여하려 했던 역사적 인물들을 발굴해 널리 알리고자 한다. 이 총서가 동북아에 화해와 평화가 가능하다는 인식을 사회적으로 확산하는 장이 될 수 있기를 기대한다.

2018년 2월

아세아문제연구소 소장 이 종 화

이 책 『조선의 미를 찾다: 아사카와 노리타카의 재조명』는 일제강점기 한반도에 거주하면서 조선의 미술공예, 특히 조선백자의 예술적 가치를 발견하고 한반도 전역 700여 개 이상의 가마터를 직접 조사해 얻은 성과를 국내외에 널리 알린 아사카와 노리타카(淺川伯教, 1884~1964)의 일대기를 담은 것이다.

필자도 〈아연 인문교양총서〉 기획위원회에 참여하였는데, 이 위원회 근현대기 한국에서 활약하였던 외국인 가운데 동북아의 문화 교류에 큰 영향을 끼친 인물을 선정하여 이들의 사상과 활약상을 정리하고 평가하고자 하는 기획 내용이 만들어진 것이 2016년 2월경이었다. 이러한 기획안을 함께 토론하면서 가장 먼저 머리에 떠오른 인물은 노리타카와 더불어 그의 동생인 아사카와 다쿠미(淺川巧, 1891~1931)나 일본 다이쇼(大正)시대 가장 영향력 있는 문예미술잡지 중 하나였던 『시라카바(白樺)』를 주도하며 한국 전통문화를 적극 알린 야나기 무네요시(柳宗悅, 1889~ 1961)였다. 이들 세 사람은 모두 조선 전통문화와 미술공예를 연구하고 그 미적 가치를 널리 알리는 데 의기투합했던 인물들로, 광화문 철거 등 일제의 조선 문화재 훼손을 적극적으로 저지했으며 사라지려고 하는 조선 문화의 보전을 위해 조선민족미술관을 개설하는 데 함께 동분서주하였다. 이 당시 일본 지식인들은 조선 문화가 열등하고 독창적 가치가 없다고 조선의 미술공예를 여전히 폄훼하던 시절이었지만, 이들은 1920년대 조선 도자기 붐을 가져오는 데 원동력이 될 정도로 활발한 연구와 홍보활동을 거듭했다.

이들 중 다쿠미는 일제강점기 조선어를 사용하며 조선인들 속에서 살다가 망우리 공동묘지에 묻히게 된 일화와 더불어 다카사키 소지(高崎宗司)의 활발한 연구, 논픽션 소설이나 한일공동제작 영화를 통해서 가장 많이 알려진 인물이다. 야나기 무네요시도 도쿄대 철학과 출신으로 일본 내에서도 주류 엘리트였을 뿐만 아니라 조선 미술공예에서 힌트를 얻어 전개한 민예(民藝)운동의 기수로서 일본 내외에서 오랫동안 다양한 조명을 받아왔다.

그러나 아사카와 노리타카가 조선 미술공예를 연구하고 이를 세상에 알린 공적은 이들 두 사람에 비해 결코 가볍지 않다. 오히려 야나기 무네요시와 동생 다쿠미를 매개하여 조선과 일본에서 본격적으로 조선 도자기 담론을 일으킨 인물이라는 점, 당시 세간에 거의 알려지지 않은 조선시대 도자기의 선구적인 연구를 수행하여 1920년대 조선 도자기 붐을 일어나게 했다는 점, 한반도 내에서도 조선의 미술공예를 매개로 당시 재조일본인 문화인들의 중심적 위치에 있었다는 점, 조선 도자기 연구뿐만 아니라 화가·조각가·도예가로서 조선인과 조선 문화를 제재로 한 수많은 작품을 남기고, 아울러 일본 전통시가 가인으로서 조선 미술공예를 통해 조선의 미를 적극 구가하였다는 점, 일본 패전 이후에도 일본으로 돌아가지 않고 1946년 가을까지 한국에 남아 조선 미술공예품을 한국의 국립민족박물관에 안전하게 이관하였다는 점 등 일일이 열거하기에도 부족할 정도로 조선전통문화와 관련하여 선구적 역할을 수행하였다.

이 책의 필자들은 일제강점기의 엄중한 현실과 조선 문화의 의도적 폄하를 뛰어넘어 아사카와 노리타카가 조선 문화의 연구와 발굴, 보전, 나아가 그 예술적 가치를 널리 알리는 데에 이렇게 지대한 공적이 있음에도 불구하고 상대적으로 널리 알려지지 않았다는 점에서 그를 대상으로 한 책을 구상하게 되었다.

이 책은 모두 일곱 개의 장과 부록으로 구성되어 있다. 1장은 아사카와 형제의 성장 배경과 당시 식민지 열기 속에 한반도로 건너온 일본인들의 군상 속에서 노리타카가 한일해협을 건너 한반도로 건너온 이유를 조선 미술공예에 대한 열정에서 찾아보았다. 2장은 일본 근대국민국가 형성기 이후에 조선과 조선 문화를 의도적으로 폄훼하여 열등시하는 분위기 속에서 아사카와 형제가 조선의 미술공예를 중심으로 조선 문화의 독창성과 우수성을 발견해 가는 과정을 알아보았다. 3장은 이들의 활동을 조선 전통예술 최초의 '한류'라는 관점에서 포착하여 아사카와 형제와 야나기 무네요시의 활동을 재검토하였다. 4장은 노리타카가 구체적으로 조선 도자기에서 어떻게 조선의 미를 발견하였는지를 그의 미술공예

연구와 그가 남긴 그림 속에서 파악해 보았다. 5장은 야나기 무네요시의 광화문 철거에 대한 항의를 포함해 노리타카가 조선 건축물과 조선 예술을 어떤 식으로 옹호했고 조선 문화를 지키려 했는지 살펴보았다. 6장은 1920, 30년대 한반도의 일본 전통시가 가인들이 조선의 미술공예나 도자기를 대상으로 노래하거나 그들의 작품집 표지에 조선 도자기를 그리곤 했는데 이러한 현상의 중심에 노리타카가 있었음을 논증하였다. 7장은 일본 패전 이후 곧바로 일본으로 귀국하지 않고 조선의 미술공예를 새롭게 만들어진 국립민족박물관에 안전하게 이관하고 돌아간 노리타카의 전후 행적과 그의 사후 사람들이 그를 어떻게 추모하고 기억하고 있는지를 살펴보았다.

이 책의 1~3장, 7장은 정병호가, 4~6장과 부록은 엄인경이 담당하여 원고를 작성하였으며 상호 토론과 윤독을 통해 원고를 교정하였다. 이번 작업을 통해 아사카와 노리타카와 관련하여 그동안 알려지지 않았던 의미 있는 글과 시가를 새롭게 발굴한 것이 하나의 성과이다. 그러나 무엇보다도 일제강점기라는 엄중한 현실에도 불구하고 조선 문화에 대한 애정어린 연구와 조선 문화를 지키고 보전하려는 노리타카의 노력을 통해 조선 문화에 대한 한일 상호 이해가 주는 긍정적 효과와 의미가 제대로 전달되기를 희망하는 바다. 이런 점에서 이 책이 현재도 지속되고 있는 한국과 일본 사이의 갈등을 뛰어넘어 노리타카가 남긴 교훈을 되짚어 보는 하나의 시금석이 되었으면 한다.

이 책을 만드는 과정에서 일본 야마나시현 호쿠토시의 '아사카와 노리타카·다쿠미 형제 자료관'에서 이 책의 출판에 따뜻한 관심을 가지고, 이 책에 실린 많은 사진 자료들을 제공해 주었다. 이 지면을 빌려 감사의 뜻을 전하고 싶다. 그리고 아사카와 노리타카라는 인물을 〈아연 인문교양총서〉로 담을 수 있게 기회를 주신 고려대 아세아문제연구소 이종화 소장님, 실제 이 총서를 기획하고 추진해 주신 아세아문제연구소 송규진 교수님, 그리고 실무를 담당해 주신 김종태 연구교수님께도 고마운 마음을 전하고자 한다.

2018년 2월

필자 정병호·엄인경

1장

한일해협을 건너는 일본인들의 군상과 노리타카의 조선행

그가 나에게 말한 바에 따르면, 그는 고후(甲府) 근처의 시골에서 태어났고 천부의 재능이 있는 그의 동생 다쿠미와 함께 교사로서 한국으로 일찌감치 건너왔다. 아사카와 형제가 한국으로 건너 온 것은 다이쇼(大正) 시대인데 그 무렵에는 온갖 다양한 일본인 이주자들이 연이어 현해탄을 넘어왔다. 확장해 가는 새로운 식민지에서 이들은 새로운 사업을 시작하기를 원했고 혹은 새로운 일을 찾았지만, 그중에는 스스로 나서서 이국 민족과 문화를 접촉하기 위해 모험적인 시도를 하는 소수의 사람들이 있었다. (Gregory Henderson 1964)

앞에 인용한 글은 1948~50년과 1958~63년 두 차례에 걸쳐 주한 미국 대사관에서 부영사, 문정관(問情官), 대사특별정치보좌관을 역임했던 그레고리 헨더슨(Gregory Henderson, 1922~88)이 아사카와 노리타카(淺川伯教)의 죽음을 애도하며 쓴 「아사카와 노리타카의 죽음을 추도한다」이다. 그레고리 헨더슨은 하버드대학에서 동양미술을 전공한 인물로서 한국 도자기에 많은 관심을 보였으며 미국으로 돌아간 이후 자신이 보유한 컬렉션을 소개하는 『한국 도자기: 다양한 예술』을 간행하기도 했다. 일본의 패전 후 노리타카가 1946년 11월 일본으로 돌아가기 전까지 그는 미군정청의 미술과 장인 중령 조지 기포드(George Gifford)와 더불어 노리타카와 친교를 맺었다. 나아가 주일 미국대사관에 근무할 당시에는 노리타카의 자택을 방문하며 빈번히 교류하던 사이였다.

앞의 글에 나타나 있듯 헨더슨은 한국이 일본에 강제 병합되던 당시 일본에서 한일해협을 넘어 조선으로 건너온 대다수 일본인들과 극히 소수에 해당하는 일본인들의 도한(渡韓) 목적을 구분하고 있다. 대다수의 일본인들은 새로운 식민지에서 자신의 운명을 바꿀 사업과 직업을 찾아서 이른바 식민지 경영을 위해 건너왔으며, 그중 극히 일부는 일본과는 다른 나라인 조선의 문화를 직접 접촉하고 이의 가치를 연구하기 위해 건너왔다.

여기에서는 아사카와 노리타카와 동생 아사카와 다쿠미(淺川巧)가 한일해협을 건너 한반도로 건너온 이유와 배경, 그 의미를 분명히 하기 위해, 대다수 일본인 도항자들의 한반도 이주와 비교하면서 그들의 행적을 추적해 보도록 한다. 19세기 후반부터 일본 열도 내에서 이미 불던 식민지 개척 열기와 그러한 분위기 속에서 한반도로 이주하는 일본인의 군상을 참조하면서 한일해협을 건너 조선으로 이주한 아사카와 형제의 '모험적인 시도'와 조선 이주 이후 활동상 등, 그들 생애의 축약도를 그려 보고자 한다.

아사카와 형제의 성장 배경

아사카와 노리타카는 '조선 도자기의 신'이라고 불릴 정도로 조선시대 도자기의 예술적 가치를 발견하고 전국의 도자기 가마터를 조사하며 처음으로 학문적인 연구에 착수한 인물이다. 일제강점기 초기 모든 조선 문화가 독창성이 없고 열등하다며 차별적인 시선을 받던 시대, 노리타카는 이러한 조선 도자기로 대표되는 조선 문화의 우수성에 대해 한반도와 일본 현지에 적극적으로 글을 발표하고 다양한 강연활동을 통해 적극적으로 알리고자 했다. 노리타카보다 7살 어린 아사카와 다쿠미는 조선총독부 임업시험장에 근무하면서 조선의 토지에 맞는 묘목을 찾아 식림(植林)사업에 다양한 노력을 하면서도 형 노리타카와 마찬가지로 조선 도자기와 미술공예의 조사 연구와 이를 세상에 널리 알리는 데 매진하며 조선 문화와 관련한 획기적인 저서를 간행했다.

일제강점기라는 어려운 현실 속에서 조선 미술공예에 대한 뜨거운 열정을 공유했던 아사카와 형제가 어떤 관계였는지 아래의 글을 보도록 한다.

> 다쿠미 삼촌은 막내였기 때문에 모두에게 귀여움을 받았던 것 같습니다. … 아버지는 장남으로 다쿠미 삼촌보다 7살 위이지만 사이가 좋은 형제라기보다는 부자지간 같았습니다. 아버지는 아무리 괴로운 일이 있어도 입 밖에 드러내지 않는 사람으로, 어쨌든 푸념이라는 걸 전혀 하지 않는 사람이었습니다. … 조선에 돌아온 아버지는 야나기 무네요시와 동생 다쿠미와 더불어 '조선민족미술관' 설립을 위해 분투하셨습니다. 한편 계명회 자금원조를 받고 조선반도 전국에 있는 옛 가마터 680여 곳의 실지 조사도 하셨어요. (上杉美惠子 1998)

그림 1-1
1918년의 노리타카(왼쪽)와 다쿠미(오른쪽) 〈사진 제공: 淺川伯教巧兄弟資料館〉

앞의 글은 노리타카의 둘째 딸인 우에스기 미에코(上杉美惠子)가 1998년에 아버지의 추억에 대해 대담형식으로 남긴 「아버지 아사카와 노리타카의 추억」이다. 이 글에 따르면 어릴 때 아버지를 여읜 아사카와 형제는 2남 1녀의 장남과 막내로서 다정한 형제라기보다는 사이좋은 부자지간 같은 관계를 형성하며 조선 도자기를 매개로 조선의 전통문화의 발굴과 연구, 그 우수성을 적극적으로 알리고 보전해 갔다. '조선민족미술관' 설립을 위해 노력하고 조선 문화를 지키고 가치를 알리는 일에 분투했던 모습에서 볼 때, 이들은 단순한 형제애를 뛰어넘었을 뿐만 아니라, 평생 조선 미술공예 관련 일에 의기투합하며 동지적 관계를 유지했다.

아사카와 형제가 식민지 조선에서 조선 문화를 발굴하고 널리 알린 활약상을 살펴보기 전에 이들 형제의 성장 환경과 배경을 살펴보자. 노리타카는 1884년 8월 현재의 야마나시현(山梨縣) 북서부 호쿠토시(北杜市)에 위치한 가부토무라(甲村)에서 아버지 조사쿠(如作)와 어머니 게이(けい) 부부의 장남으로 태어났다. 이 당시 노리타카의 부모는 농업과 염색 일에 종사하고 있었다. 아버지 조사쿠는 1890년 31세의 이른 나이로 병사했는데, 이때 어머니 게이는 25살이었으며, 노리타카는 7살, 여동생 사카에(さかえ)는 3살, 남동생 다쿠미는 아직 모친의 뱃속에 있을 때였다. 아마 다쿠미와 노리타카의 관계가 형제라기보다는 부자지간처럼 보였다는 노리타카 둘째 딸의 회고는 어린 시절 아버지를 일찍 잃고 노리타카가 어린 나이에 가독을 상속했던 사정 때문이라 할 수 있을 것이다.

이런 상황이 되자 그동안 은거하고 있던 할아버지 오비 덴에몬(小尾伝右衛門)은 손주 3남매를 위해, 그의 삼남 조사쿠를 양자로 보냈던 아사카와가(淺川家)로 돌아와 함께 기거하면서 세 명의 손자, 손녀를 보살폈다. 노리타카는 할아버지로부터 한학과 하이카이(俳諧), 렌가(連歌), 다도(茶道)를 배웠는데 이는 훗날 노리타카와 다쿠미의 기질과 예술적 소양을 양성하는데 중요한 소양이 되었다.

> 이치를 생략하고 우는 소리를 하지 않고, 즐겁게 일하고 환경에 흥미를 느끼며, 그 속에서 사람의 정이며 시(詩) 찾아내고, 이른바 하이진(俳人)인가라고 하면 그렇지도 않고 농부인가라고 하면 그렇지도 않다. 학자도 아니고 일 속에서 하이쿠를 찾아내고 하이쿠에서 일을 찾아내며 마을에 사건이 일어나면 부탁을 받고 가서는 어떻게든 해결하고 온다. … 일에 귀천이 있음을 알지 못하고, 무엇이든 일을 하고 틈이 생기면 독서를 한다. 요에 들어와 잠자기까지는 그날의 사건을 하이쿠로 정리한다. 렌가를 시의 대화라고 이해하고 그러한 소양이 있는 사람을 만나면 곧바로 시작한다. 조부는 결국 자연에 대한 부르주아였다. (淺川伯教 1934a)

이 글은 1931년 아사카와 다쿠미가 급성 폐렴으로 갑자기 이 세상을 등지고 나서 노리타카가 그에 대한 추도문으로 형식으로 쓴 「그의 고향과 그 조부」라는 글이다. 여기에서 동생 다쿠미의 생전의 모습을 추모하면서 동생과 함께 자라고 보냈던 고향 마을의 풍광과 일상을 할아버지에 대한 추억을 중심으로 하여 언급하는데, 아사카와 형제에게 아버지의 역할을 대신했던 할아버지 오비 덴에몬의 영향과 존재감은 대단했다고 볼 수 있다. 특히 할아버지는 시유(四友)라는 하이고(俳号, 하이쿠 작가의 아호)를 사용할 정도로 전통시가에도 능통했다. 이렇게 학문과 시(詩), 자연이 어우러진 할아버지의 인품은 아사카와 형제의 세상을 바라보고 세상을 품는 시각을 만들어 준 원형이라 해도 좋을 것이다.

그림 1-2
아사카와 노리타카의 사범학교 시절 사진 〈사진 제공: 淺川伯教巧兄弟資料館〉

아사카와 형제가 태어난 가부토무라(甲村)는 야쓰가타케(八ヶ岳)라는 산악지역의 기슭에 위치해 있는데 이 지역은 일본에서도 조몬(縄文) 토기문화가 상당히 번성했던 지역 중 하나다. 따라서 이들 형제는 어린 시절에 이러한 토기 조각을 늘 접하면서 생활했을 것이다. 이러한 환경 속에서, 학문이나 하이쿠 유파의 일원으로서 지역의 문화를 리드했던 아버지 집안의 분위기를 할아버지를 통해 이어받은 셈이다.

한편 노리타카는 1891년 무라야마니시(村山西) 보통소학교에 입학, 1897년에는 아키타(秋田) 심상고등소학교에 진학했다. 노리타카는 아키타 심상고등소학교 임시 교원, 아쓰나(熱那) 소학교의 교사로서 학생들을 가르치다, 재도전한 끝에 1903년에 야마나시현 사범학교에 입학하게 된다. 그래서 드디어 1906년에 이 사범학교를 졸업하고 도미사토(富里) 보통소학교의 교사로 부임한다. 한편, 1907년에는 시오자키(塩崎) 보통소학교로, 1908년 야마나시현 사범학교 부속 보통소학교로 전근하게 되는데 이때마다 동생 아사카와 다쿠미와 함께 생활하며 그의 학업을 뒷받침해 주었다. 여동생이 시집을 간 후에는 어머니를 고후(甲府)시로 모셔 와 함께 살았다.

노리타카는 아버지를 어릴 때 잃은 한 집안의 장남으로서 젊을 때부터 항상 가장이라는 입장을 의식하며 온 가족들을 배려하면서 행동했다. 노리타카는 사범학교 시절 20세가 되던 해에 고후의 감리교 교회에 다니며 세례를 받고 기독교 신자가 되었는데, 동생 다쿠미도 형의 영향으로 감리교 교회에서 세례를 받았다. 한편 이 무렵부터 노리타카는 고미고후 감리교 교회 신도이자 조선 도자기를 수집했던 고미야마 세이조(小宮山清三)와 친교를 맺고, 이후 고미야마가 소장하고 있던 조선 도자기를 접하게 된다.

노리타카가 조선으로 건너간 것은 1913년의 일이고 동생 다쿠미가 다시 형을 따라 경성으로 건너온 것은 다음 해인 1914년이다. 그렇다고 한다면 이 당시 수많은 일본인들이 식민지 조선으로 향했는데 이러한 일본인들은 무엇을 희구하여 조선으로 건너갔는지를 살펴보고 아사카와 형제의 조선행이 가지는 의미를 찾아보도록 하자.

일본인의 식민지 열기와 한반도 이주

일제강점기에 수많은 일본인들이 한반도의 지배·통치기구인 조선총독부의 관료로서 그리고 군인과 경찰의 신분으로, 아니면 식민지 현지의 교육자나 언론인으로서, 또는 커다란 경제적 이익을 좇아 무역업자, 상공업자, 광산 개발자로 조선에 건너와 전국 각지에 일본인 거류지를 형성했다. 일종의 식민지 통치자에 해당한다고 볼 수 있는 이러한 신분 외에도 일용노동자, 하녀, 아니면 유곽이나 주점의 예창기나 작부로 조선에 건너와 상당 기간을 체류하기도 했다.

그림 1-3
송별 기념사진 (가운데는 노리타카, 왼쪽은 이토 세이코伊藤生更) 〈사진 제공: 淺川伯教巧兄弟資料館〉

그런데 이들이 현해탄을 건너 조선으로 들어온 것은 한반도가 강제로 일본의 식민지로 편입되기 훨씬 이전부터였다. 일본에서 1868년 메이지유신(明治維新)이 일어나고 서양식의 근대화를 추진하면서, 그리고 1876년에 조선과 불평등조약인 강화도조약[朝日修好條約]을 체결하고 조선이 일본에 부산, 원산, 인천을 개항하면서 일본인들이 조선에 집단적으로 건너오게 되었다. 그래서 일본 내에 점증하는 식민열기와 조선을 강제 병합하고자 하는 일본 정부의 정책적 지원과 영향 아래 한반도로 이주한 일본인은 1880년 2,066명, 1890년 7,245명, 1900년 15,829명, 1905년 42,460명, 한일강제병합 직후인 1910년 말에는 171,543명으로 급증했고, 1942년 말에는 약 75만 명에 육박했다.

특히 1905년 조선이 일본의 '보호국'이 되고 1910년 일본에 의해 한국이 강제 병합된 시기에 이르기까지 "거류민의 증가와 거류지의 확대를 배경으로 이사청(理事廳) 소재지에 거류민단이, 그리고 그 관할지역 내의 주요 이역에 거류민회 혹은 일본인회가 설치되었"고 "일본인들은 거류지의 지명을 일본풍으로 붙이"기 시작했다(高崎宗司 2002b). 그리고 이들 일본인 대부분은 조선인이 사는 지역과 구분하여 자신들의 거주지를 만들어 생활했다. 서울의 경우만 보더라도 일본인들은 남산을 중심으로 하여 지금의 충무로, 남대문로, 태평로, 명동, 회현동 등에 혼마치(本町), 신마치(新町), 야마토마치(大和町), 고토부키초(壽町) 등 일본인 거리를 형성해 을지로 이북 지역의 조선인 거주 공간과 섞이지 않고, 그들만의 거주지를 별도로 형성하여 조선 속의 일본인 마을을 만들어 갔다.

그런데 19세기 후반 이래 많은 일본인들이 한반도로 도항하는 현상은, 바다의 항로를 확장하고 해외 이주와 식민을 번창시키며 상권의 확장을 목적으로 외무대신 출신인 에노모토 다케아키(榎本武揚)가 당대의 국권(國權)론자, 국수론자와 함께 1893년에 창립한 '일본식민협회(日本植民協會)'의 설립에서 볼 수 있듯이 1890년대 이후 점증하는 일본 내 식민열기가 그 바탕에 있었다. 특히 조선의 경우 조선 내 일본인 숫자가 비약적으로 증가한 데에는 "조선의 군사적 · 경제적 · 문화적 지배권을 확립하기 위한 수단으로 조선 이민을" 촉진하고자 하는 "일본 정부의 이민 장려정책"이 큰 역할을 수행했다(高崎宗司 2002b).

당시 일본인들은 앞에서 제시했듯이 매년 그 숫자가 급증하면서 한일해협을 건너 한반도에 들어와 일본인 커뮤니티를 형성했는데, 1900년대 초가 되면 전국 각지에서 그들 일본인 사회의 이익을 대변하고자 일본어 신문과 잡지를 연이어 간행했다. 그들이 간행한 일본어 잡지의 창간 목적에도 이러한 의도가 잘 나타나 있다.

> 반도의 한제국(韓帝國)은 이제 우리 보호세력의 범역(範域)에 귀착되고 내치와 외교는 물론 농상공업과 관련된 모든 것, 어업, 광업, 철도의 경영, 선박의 항정(航程) 모두 한결같이 우리 대일본제국의 부축과 계발에 의존하지 않을 수 없기에 이르렀다. 호협하고 용맹스러운 승전국의 위세가 어찌 위대하지 않으리오. (「朝鮮實業協會趣旨」, 1905)

> 러일전쟁 이래 우리 모국에 조선열(朝鮮熱)이 높아지고 새로운 도래(渡來)자가 대단한 세력을 가지고 몰려왔다. … 이들 각 항구와 각 지역의 대부분은 민단법이 발포되고 교육, 위생, 토목의 설비도 정돈되어 당당한 일본 시가(市街)를 세운 것은 실로 기분 좋은 일이다. 경성은 … 한국의 보호권이 우리들에게 귀속되고 통감부가 설치되기에 이르러 갑자기 경성의 일본인이 팽창하여 … 경성의 일본인은 일본의 3부 5항(三府五港) 이외의 시 · 부(市府)에 비해 결코 손색이 없는 수에 달하였다. (「京城に於ける日本人の發展力」, 1908)

이 두 글은 모두 러일전쟁 이후 간행된 일본어 잡지의 기사들이다. 첫 번째 기사는 부산에서 『조선평론(朝鮮評論)』이라는 잡지를 계승하여 『조선의 실업(朝鮮之實業)』이라는 잡지를 발행하고 있던 조선실업협회의 설립 취지를 설명한 글이다. 러일전쟁 승전국으로서 당시 대한제국의 정치와 외교는 물론, 농 · 상 · 공 · 어업을 비롯한 모든 분야의 경제 영역까지 일본인들이 관여하게 되었음을 당당히 선언하고 있는 대목이다. 이러한 측면에서 이 협회와 잡지는 당시 일본인 기업가는 물론 다양한 분야의 일본인들에게

도한(渡韓)을 권장하고 한국 경영을 적극적으로 홍보하는 활동을 수행했다.

두 번째 기사는 당시 서울에서 간행된 일본어 종합잡지 『조선(朝鮮)』에 실린 「경성에 있는 일본인의 발전력」으로, 러일전쟁 이후 일본 내 조선 열기를 반영하듯이 경성에 일본인 도항자가 크게 늘었으며, 이들 일본인 거주자를 위한 각종 제도와 도시 설비 등이 정비되고 있음을 알리고 있다. 특히 경성의 일본인 거류지는 일본 내 주요 도시, 예를 들면 3부에 해당하는 도쿄(東京), 오사카(大阪), 교토(京都), 5항에 해당하는 요코하마(横浜), 고베(神戸), 나가사키(長崎), 하코다테(函館), 니이가타(新潟)를 제외하고는 일본 도시에 비해 결코 손색이 없을 정도로 크게 팽창하고 발전했음을 적극적으로 알리고자 했다.

이와 같이 한반도 내 일본 식민사업의 장밋빛 전망을 적극적으로 부각함으로써 당시 일본어 잡지들은 한반도 내 일본 거류민의 활동상을 긍정적으로 선전하는 무대가 되었다. 『조선』의 경우는 일본인 거류민의 '성공담' '분투기' 같은 섹션을, 『조선의 실업』은 '사업소개' '농사경영' 같은 섹션을 별도로 마련하여 본토 일본인의 도한 권장과 한국에서의 사업 소개, 그리고 식민경영의 성공담에 많은 지면을 할애한 사실이 이를 잘 보여 준다. 일본의 식민지 이주정책과 이러한 선전의 영향으로, 수많은 일본인들이 정치적 이유로 인해 혹은 새로운 경제적 기회와 이국에서의 더 나은 직업을 찾아서 본격적으로 한반도와 만주로 건너가게 된다.

그런데 이들 일본인의 한반도 이주에 즈음하여 더욱 문제가 된 것이 조선인에 대한 차별과 멸시였다. 근대일본의 지식인들이 조선인들을 부정적이고 야만적인 이미지로 폄하하면서 자신들을 우월적이고 문명적인 이미지로 만들어 갔듯이 조선에 거주하는 일본인들도 이러한 차별의식을 적극적으로 개진하고 조선인을 행동으로 차별하고 멸시했다.

> 본지(本誌)는 한국인에 대해서는 우리들의 보호권의 진의를 꾸준히 역설하고, 또한 세계에 대해서는 대한(對韓)정책을 변호하고 통감부를 보호함을 굳이 거절하지 않는 바이다. … 우리들은 한산(韓山)을 장식하는 데 문명으로 하며, 한국인을 이끄는 데 인도(人道)로 함과 동시에 한팔도(韓八道)에 야마토(大和) 민족의 증식과 팽창, 그리고 발전을 도모하며 개나 돼지처럼 된 한반도를 아름다운 신일본화함을 이상으로 하고 주의(主義)로 한다. 따라서 우리 민족의 발전과 팽창을 저주(咀呪)하는 자에 대해서는 맹렬하게 육박(肉薄)함을 마다하지 않는다. (「第二卷の一号に題す」, 1908)

그림 1-4
부산에서 간행된 『조선의 실업』의 후속 잡지 『만한의 실업』 표지 (1908년 5월)

이 기사는 일본어 종합잡지 『조선』의 간행취지에 해당하는 「제2권 1호에 표제를 쓰다」인데, 가장 눈에 띄는 것은 한국인과 세계에 대해 '통감부'로 대변되는 조선 식민지화의 정당성을 적극적으로 변호하고자 하는 의도다. 그리고 이러한 식민지화를 합리화하기 위해 19세기 이래의 만국공법(萬國公法)적 논리, 즉 열등하고 야만적인 한반도를 문명으로 장식하고 일본화하겠다는 문명론을 적극 제기하고 있다. 여기에서 한반도가 얼마나 야만스러운 상황에 놓여 있는지, 이에 따라 한반도 내 일본의 정당한 역할이 무엇인지를 강조하며 일본의 정치적 침략을 합리화하고 있다. 당시 한반도에서 간행된 일본어 잡지들은 이들 글같이 문명/야만이라는 이항대립적 도식을 통해 일본의 식민지주의를 당위적인 것으로 논리화하는 콜로니얼 담론을 적극적으로 생산, 유통시켜 갔다. 이와 더불어 창간 당시부터 한반도에 있어서 "야마토(大和)민족의 증식과 팽창과 발전", 즉 일본 식민사업의 유의미성과 발전력을 적극 개진하고 한국 거류 일본인들의 활동상을 긍정적으로 선전하며 식민이주 정책을 선전하고 재한 일본인의 권익을 적극적으로 보호하고자 했다.

이렇게 조선을 식민지화하고자 하는 장기간의 정책 속에서 일본인들이 조선에 건너오게 되는데, 식민지 정책을 수행하기 위한 군인과 경찰, 관료는 물론 교사, 언론인, 나아가 새로운 공간에서 경제적 이득을 취하기 위해 무역업자, 상공업자, 금융업자, 광산업자도 도한하게 된다. 이들 일본인들은 일본의 이주정책에 적극 협력하거나 청일전쟁과 러일전쟁 당시에는 한반도에 건너온 군인들에게 전쟁수행에 협조하면서, 어떤 경우에는 불법으로 조선의 일부 지역을 점유하는 경우도 있었고, 전당포나 고리대 사업으로 크게 이익을 올리는 경우, 부동산 업자가 아주 헐값으로 조선의 토지를 매입하여 수십 배 이상의 수익을 남기거나 농지를 매입해 간척이나 농장을 운영하는 경우, 특별한 업종의 무역을 매점매석하거나 광산 개발을 통해 막대한 부를 축적하고 특정한 지역의 어업을 석권하여 어촌을 형성하는 경우 등 다양한 형태로 정치적, 경제적 이익을 취했으며 한반도 내에서 그들의 권익을 위한 다양한 제도적 장치를 만들어 갔다. 이들이야말로 당시 일본의 식민지 정책과 식민지주의에 입각하여 일본에서 한일해협을 건너서 한반도로 들어오는 가장 일반적인 일본인들이었다.

표 1-1 1912년 경성의 일본인 거류자 직업별 통계 (京城居留民団役所『京城發達史』, 1912)

직업명	인원수	직업명	인원수	직업명	인원수	직업명	인원수
관리	2,134	회사원	739	2종 예기	347	제 노동자	290
상점원	1,478	제 고용인	683	전답경작	337	식료품잡화	204
고원(雇員)	1,269	제 직공	609	과자상	325	이발업	197
하녀	993	일용벌이	496	청부업	321	교원	182
목수	961	잡업	456	사환급사	294	간호부	175

그런데 식민지 정책이나 경제적 이득과 연계된 이러한 사람들뿐만 아니라 하녀, 일용노동자, 유곽의 기녀나 작부 등 이른바 하층민들도 건너오게 되는데, 한반도로 건너온 일본인의 직업 통계를 보면 성공의 상징이기도 했던 조선총독부 관료 등 상위계층뿐만 아니라 하층계층 사람들도 상당한 비율로 한반도에 거주하고 있었다. 이들은 이 당시 일본 문학과 한반도 내 일본어 문학의 주요 소재가 되기도 했다.

이렇듯 당시 일본 내 문학작품, 또는 한반도에서 거주하는 일본인에 의해 만들어진 일본어 문학작품에는 당시 일본에서 조선으로 건너는 다양한 군상의 일본인들이 그려져 있다. 당시 식민지주의의 이상과 한반도 경영의 장밋빛 미래를 그리는 작품뿐만 아니라 많은 경우 생존을 위해 어쩔 수 없이 타지로 건너간 하층민의 비애, 그리고 고향을 버리고 먼 타국으로 갈 수밖에 없는 사람들의 슬픔과 불안 등이 잘 표현되어 있다는 점이 흥미롭다.

아사카와 노리타카의 한반도행

이렇듯, 1900년대 들어와 일본 내 식민열기의 상승과 일본의 식민지주의에 입각하여 많은 일본인들이 한일해협을 건넜다. 이러한 와중에 '조선 도기의 신'이라고 평가받는 아사카와 노리타카가 한반도로 건너간 것은 1913년이고 그의 동생 다쿠미는 1914년에 조선으로 건너온다.

> 1913년 5월 초, 노리타카는 조선으로 건너가 경성부 정동 11번지에 거처를 정했다. 조선의 미술공예품에 대한 관심이 그를 조선으로 향하게 만든 것이다. … 여하튼 노리타카는, 식민지에서 새로 사업을 일으키려는 목적으로 조선에 건너간 수많은 일본인과 달리 조선 미술공예에 이끌려 조선으로 건너갔다. … 처음으로 조선 땅을 밟은 노리타카는 곧바로 창경궁에 있던 이왕직 박물관으로 발길을 옮겼다. 그곳에는 고려청자가 있었다. (高崎宗司 2002a)

『조선의 흙이 된 일본인 아사카와 다쿠미의 생애』라는 책에서 다카사키 소지(高崎宗司)가 지적하고 있듯이 노리타카가 조선으로 건너가기로 결심한 것은 당시 한반도로 건너왔던 대다수 일본인들과는 전혀 다른 이유에서였다. 노리타카가 한반도로 건너가게 된 직접적인 동기는, 세키노 다다시(關野貞, 1868~1935)의 조선 문화 관련 보고서를 통해 '이왕직박물관'의 존재를 알게 되면서 그곳에 있는 조선의 미술공예를 보기 위해서였을 것이다. 혹은 미술품 수집가로서 나중에 야마나시현의 지방정치가가 된 고미야마 세이조(小宮山清三)의 집에서 조선 도자기를 본 것에서 흥미를 느꼈을 수도 있다. 어쨌든 동기가 무엇이었는지는 다소 불분명하지만 조선의 미술공예에 관한 열정으로 인한 것이었음은 분명하다. 그는 새롭게 정착한 경성에서 교사라는 직업을 갖고 있기는 했지만 이러한 연유에서 조선 도자기에 대한 열정은 그의 삶의 대부분을 차지했다. 그는 조선의 도자기나 공예를 본격적으로 연구하게 된 이유를 「조선 고도기의 연구에 대해」라는 글에서 다음과 같이 말한다.

그림 1-5
노리타카의 다완 (개인 소장) 〈사진 제공: 淺川伯教巧兄弟資料館〉

> 그런데 그 사이[전통이 다른 민족 사이—인용자]에 서는 것은 무엇인가라고 하면 역시 미술입니다, 공예입니다. 나는 도기를 통해 조선을 이해하고, 또한 호의를 가진 많은 사람을 알고 있습니다. 그것은 정치적이지 않고 순정(純情)으로부터 흐르는 살아 있는 호의입니다. 감정의 융합입니다. … 또한 조선의 도자기를 기쁘게 보고 있으면 그 작품을 통해 우리 내지인들이 가지고 있지 못한 존경해야 할 요소를 가지고 있음을 알아차릴 수 있습니다. 이 점은 내가 조선의 미술, 공예를 연구해 보고 싶다고 생각한 최초의 동기입니다. (淺川伯教 1934b)

아사카와 노리타카는 그가 건너와 새롭게 정착하여 생활하고 있는 공간인 조선과 조선인이 피식민자의 입장이라는 점을 잘 알고 있었다. 그리고 그는 엄연히 식민자의 교사로서 경성에 부임해 있었다. 노리타카는 조선인과 일본인이라는 이러한 차이와 차별을 극복하고 벗어나기 위해 경성의 일본인 거류지를 벗어나 가능하면 조선인과 더불어 생활하고자 했다. 그리고 나아가 예술과 공예를 통해 두 민족의 진정한 이해와 친선을 도모하고자 했다. 이러한 미술공예를 통해 존경해야 마땅한 조선인과 조선 문화를 재발견했던 셈이다.

특히 노리타카가 조선 문화의 아름다움을 발견한 대상은 조선백자로, 그동안 화려한 조명을 받던 고려청자를 통해서가 아니라 당시 조선인의 일상생활에 함께해 온 조선백자 속에서 조선 미술공예의 특징을 포착했다. 노리타카는 경성에 건너와 '이왕직박물관'을 빈번하게 방문했지만 고려청자는 가격이 비싸서 구입할 수 없는 입장이었다. 그러던 어느 날 "경성의 고물상을 지나가"다가 전등불 아래 고물 사이에 있던 "하얀 단지"를 보게 된다. 그러는 사이에 "그 둥근 자태에 마음을 빼앗긴 나는 멈춰 서서 한참을 들여다보"고 "고려청자는 차가운 과거의 아름다움이지만 이 백자 단지는 지금 피가 통하는, 살아 있는 친구다. 이것은 틀림없다. 드디어 나의 눈이 열렸다. 진정 아름다운 것을 보았다"라고 조선백자와의 만남을 소개하고 있다. 다카사키 소지는 이 장면을 가리켜 "이 순간이 바로 노리타카와 조선백자, 나아가 일본인과 조선백자와의 최초의 만남"이라고 그 의의를 지적하고 있다(高崎宗司 2002a).

노리타카는 1913년 미에 다카요(三枝たかよ)와 결혼한 뒤 어머니를 모시고 일가가 조선으로 건너온다. 1913년 5월에는 남대문 공립심상소학교에 부임하고 1914년에는 서대문 공립심상소학교로 전근하며, 경성중학교 부속 소학교 교원양성소에서 학생교육 실습 지도의 일도 겸임하게 된다. 그러나 노리타카는 조선의 도자기와 전국 각지에서 출토된 도자기 조각에 온통 관심이 쏠려 있었기 때문에 시간이 날 때마다 조선 도자기를 찾아 골동품

가게를 돌아다녔으며 머지않아 이를 연구하기로 결심한다.

노리타카가 본격적으로 도자기 연구, 특히 조선 도자기의 역사에 관심을 가지고 이 연구에 전념하게 되는 것은 1919년 서양 조각 공부를 위해 일시 귀국하고 조선에 다시 돌아온 1923년부터의 일이다. 그는 조선 도자기의 역사적 변천에 관심을 가지고 이를 연구하기 위해 한반도 전국 각지의 가마터 조사에 착수하여, 수년간에 걸쳐 전국 700여 개의 가마터를 직접 조사하고 이를 각 지역별로 기록했다. 그래서 1934년 7월에는 〈조선고도사료대전람회(朝鮮古陶史料大展覽會)〉를 도쿄에서 개최했다. 그는 대형 조선지도 위에 각지의 발굴 파편 1만 점을 전시하여 그동안의 조사연구 성과를 체계적으로 제시했고, "조선 도기의 시대적 변천(朝鮮陶器の時代的変遷)"이라는 제목으로 강연했다.

그림 1-6
노리타카가 그린 가마터 〈사진 출처: 도록 『아사카와 노리타카를 읽다』에서 허가를 얻고 전재함〉

그의 조선 도자기 연구는 한반도 내에만 국한되지 않았다. 일본 내 조선 도자기 조사도 폭넓게 실시했고 이 과정에서 16세기부터 일본의 다도(茶道)에서 애용되었던 조선 다완(茶碗)의 기원과 산지, 제작 연대, 역사적 교류에 관해서도 다양한 연구를 진행했다. 이를 통해 어떠한 역사적 과정을 통해 조선의 도자기와 다완이 일본에 건너가 일본 도자기의 부흥을 가져오게 되었는지 역사적 실증 작업을 거듭하여, "조선의 도기는 생활로부터 출발하고 일본의 도기는 관상(觀賞)로부터 출발했다"는 유명한 말을 남기기도 했다(淺川伯教 1934b).

이 사이에 노리타카는 1922년 다이쇼기 문학과 미술 분야의 주류잡지였던 『시라카바(白樺)』 9월호에 논문 「이조 도자기의 가치 및 변천에 관하여(李朝陶器の価値及び変遷に就いて)」를 기고하고 조선총독부가 간행한 잡지 『조선』에 강연 내용을 대략적으로 정리해 「이조 도자기의 역사(李朝陶磁器の歴史)」를 실었다. 그리고 1928년 재단법인 계명회(啓明會)의 지원을 받아 아사카와 노리타카, 아사카와 다쿠미, 야나기 무네요시(柳宗悅), 구라하시 도지로(倉橋藤治郎) 등 4인의 공동연구로 "조선에 있어 고려 말기부터 이조 초기 도자기의 근본적 기초연구(朝鮮に於ける高麗末期より李朝初期の陶磁器の根本的調査研究)"를 실시했다.

1930년 7월에는 대작인 『부산가마와 대마도가마(釜山窯と對州窯)』를 간행하고, 1934년 10월에는 계명회 사무소가 간행한 『제55회 강연집, 조선의 도자기(朝鮮の陶器)』에 「조선고도기의 연구에 대하여」를 수록했다. 한편 일본 패전 후에도 1956년에는 『이조의 도자(李朝の陶磁)』를, 1960년에는 『도자전집 제17권 이조백자 · 염부 · 철사(陶磁全集 第17巻 李朝白磁 · 染付 · 鐵砂)』를 간행하는 등 다채로운 연구를 남겼다. 특히 노리타카는 한반도의 해방 이후 일본인들이 서둘러 본국으로 돌아갔던 것과는 대조적으로 미국 주둔군으로부터 조선 미술공예에 관한 연구실적을 높게 평가받아, 1946년 11월까지 조선 체류허가를 얻었다. 이 사이에 그가 수집했던 개인 소장품(약 3,000여 점)과 조선민족미술관의 소장품을 한국의 국립민족박물관으로 안전하게 이관하는 작업을 완수하고 나서야 일본으로 귀국했다.

노리타카는 조선 도자기 연구자로서 전람회 등을 통해 이를 세상에 널리 알렸을 뿐만 아니라 기본적으로 도예가이자 조각가이며 화가, 시인이기도 했다. 그의 이런 예술가적 풍모는 앞에서 이야기한 대로 그의 친가와 외가에서 물려받은 자질이기도 했는데, 노리타카가 지향하는 예술 분야의 다채로움도 이를 잘 반영하고 있다.

노리타카는 직업이 교사였지만 원래부터 조각에 대한 관심이 깊었다. 1910년 4월에 창간된 문예 잡지 『시라카바』의 애독자가 된 이유도 이 문예지가 로댕이나 폴 세잔 등, 서양의 조각과 미술에 대해서도 활발히 소개했기 때문이었다. 특히 1910년 11월 로댕 특집호에 당시 대표적인 조각가였던 신카이 다케타로(新海竹太郎, 1868~1927)가 로댕에 관한 글을 실은 것이 큰 계기가 되었다. 노리타카는 1912년에 7월 도쿄로 가 그의 문하에서 조각을 배우기도 했다. 특히, 조선으로 건너간 후에도 로댕이 『시라카바』 동인들에게 보낸 조각품을 지바현(千葉縣) 아비코(我孫子)의 야나기 무네요시가 가지고 있다는 사실을 알고 1914년 이를 보겠다는 일념으로 직접 방문한 사실에서도 그가 조각에 얼마나 관심이 깊었는지를 알 수 있다.

한편, 3·1독립운동이 있었던 1919년 4월에는 교사직에서 퇴직하고 가족을 경성에 남긴 채 홀로 도쿄에 돌아가 신카이 다케타로 문하에서 조각제작에 전념했다. 그러던 차에 1920년에 개최된 〈제2회 제국미술원전람회(帝國美術院展覽會)〉에 조각작품 〈나막신 신은 사람(木履の人)〉으로 입선했다. 이 작품은 나막신을 신은 조선인 남성상인데 그는 동년 10월 13일 『경성일보(京城日報)』와의 입선 인터뷰에서 "지금도 조선에 아내와 두 아이를 두고 있습니다. 조선인과 내지인의 친선은 정치나 정략으로는 안 되고 역시 그의

예술, 우리의 예술로 유무상통하지 않으면 안 된다고 생각했습니다"라고 말하고 있다. 작품의 소재라는 측면에서도, 그리고 이 작품을 통해 그가 전하려는 메시지라는 측면에서도 예술을 통한 조선과 일본의 상호친선과 이해라는 그의 기본적 신념을 잘 엿볼 수 있다. 한편 제3회 〈제국미술원전람회〉에서는 낙선했으나 1922년 〈평화기념 도쿄박람회 미술전〉에 조각 〈평화의 사람(平和の人)〉이 입선했다. 그러나 4월에 신카이의 문하를 벗어나 조선으로 돌아온다.

조선으로 돌아온 이후에도 그는 마침 조선에서도 개최된 〈조선미술전람회(朝鮮美術展覽會)〉에 매년 조각과 서양화 동양화를 출품했는데 거의 입선이나 특선의 영예를 차지했다. 그런데 이때 출품한 작품이 조각이든 회화든 작품의 모티브는 조선적 소재이거나 도자기, 항아리와 관련된 작품이 많았다.

1923년부터 그는 본격적으로 조선도예사 연구를 수행하면서 직접 도자기를 제작하기도 했다. 지방 각지의 도자기를 수집하고 도자기 가마터를 조사하면서 회령과 명천 등지에서 도예 작업을 시작한다. 그의 도예 작업은 함북 회령·명천, 전북 고창, 전남 곡성 등 각지에서 이뤄졌다. 그는 지방 가마터의 부흥을 도모하면서 회령의 도예가 최황재와 교류했는데 경성의 미쓰코시(三越) 백화점에서 그의 도자기 전람회를 성공시키기도 했다(『淺川のりたか · 巧兄弟の心と眼—朝鮮時代の美』, 2011). 그는 전후에도 에히메현 도베(愛媛縣砥部)에서 잠시 도자기를 제작하기도 하고 〈일본미술전람회(日本美術展覽會)〉에 도자기를 출품하기도 했으며 1949년에는 도쿄 미쓰코시 백화점에서 〈아사카와 노리타카 도자기전(淺川伯敎氏作陶展)〉을 개최했다. 한편, 노리타카는 할아버지의 영향으로 조선으로 건너가기 전부터 일본 전

통시가를 읊는 일이 많았는데, 조선에서는 본격적으로 일본 전통시가 작가들과 교우하면서 단카(短歌) 등을 직접 만들었다. 이는 제4장에서 자세히 논할 것이다.

그런데 조선의 공예와 문화, 그리고 근대기 일본 지식인의 역할을 논할 때 노리타카의 가장 큰 역할은 조선 문화의 긍정적 측면을 가장 잘 이해하고 이를 본격적인 궤도에 올린 사람으로 언급되는 야나기 무네요시, 아사카와 다쿠미를 매개했다는 점이다. 앞에서도 언급했지만, 1914년 9월 로댕의 조각을 보기 위해 야나기 무네요시의 자택을 방문하면서 노리타카는 조선백자인 '청화백자 추초무늬 모따기 항아리(青華秋草紋面取壺)'를 선물로 가지고 간다. 이것이 야나기 무네요시와 조선백자와의 두 번째 만남이었지만, 그는 이전에 간다(神田) 골동품 가게에서 산 항아리가 조선 자기였다는 사실을 몰랐음을 언급하면서 노리타카가 가져온 조선백자에 강한 인상을 받고 이때 처음으로 "조선 도자기에 마음이 끌리게 되"었다고 밝히고 있다(柳宗悅 1981).

그림 1-7
노리타카가 조선 도자기를 대상으로 그린 회화작품 (개인 소장) 〈사진 제공: 淺川伯教巧兄弟資料館〉

노리타카의 방문은 야나기 무네요시가 조선 도자기의 우수성을 자각하고 조선을 방문하여 조선의 미를 연구하는 직접적인 계기가 되었다. 나아가 이 만남은 일본 예술사에서 큰 획을 그은 이른바 야나기 무네요시의 '민예(民藝)운동'의 큰 원동력이 되기도 했다. 민예운동은 서민들의 일상적인 생활 속에서 사용되는 염직(染織)물, 자기, 칠기, 목공예나 죽공예 등 일용잡화 속에서 미(美)를 찾아내고자 하는 예술운동이며 이는 '일본민예관'의 탄생을 낳는다. 야나기 무네요시는 1916년에 조선에 건너와 노리타카와 함께 골동품 가게 등을 찾아다니는데 이때 조선 문화의 또 다른 공명자인 동생 다쿠미와의 만남도 이뤄지게 된다.

다쿠미는 아키타 심상고등소학교를 나와 1909년 야마나시현립 농림학교(山梨縣立農林學校)에서 수학하고 아키타현 오다테 영림서(秋田縣大館營林署)에 취업했다. 그후 1914년에 형을 의지하여 경성으로 건너와 조선총독부 임업시험장(林業試驗場)에 취업하게 된다. 이때부터 다쿠미는 조선의 산을 푸르게 만들기 위한 각고의 노력을 기울여 조선의 풍토에 맞는 양묘(養苗)와 조림 연구에 종사한다. 그는 형의 영향으로 인해 조선의 도자기와 공예에도 큰 관심을 가지고 도자기뿐만 아니라 다양한 조선의 전통적인 공예 연구에 착수하여 1929년 『조선의 소반(朝鮮の膳)』, 1931년 『조선도자명고(朝鮮陶磁名考)』의 출판을 비롯하여 조선의 미술공예와 관련하여 다양한 내용의 글을 발표했다. 다쿠미는 형보다도 더 조선인의 삶 속에 자신을 투신하여 조선인의 3·1독립운동에 공명하며 조선의 전통문화를 지키려 노력했다. 조선어를 원활하게 사용했던 그는 늘 조선인 복장을 하고 조선인들과 더불어 생활하고자 했는데, 1931년 갑작스럽게 요절하여 망우리 공동묘지에 묻혔다. 묘비에는 "한국의 산과 민예를 사랑하고 한국인의 마음속에 살다 간 일본인, 여기 한국의 흙이 되다"라고 쓰여 있다.

야나기 무네요시와 아사카와 형제는 조선 문화에 대한 상호 이해에 바탕하여 많은 활동을 벌였다. 야나기 무네요시의 제안으로 1924년에 경복궁 내에 '조선민족미술관(朝鮮民族美術館)'을 설립하여 본격적으로 조선 공예 미술의 보전과 조선공예의 우수성을 널리 알린 것이 가장 두드러진 활동으로, 이는 조선공예사에서 획기적인 사건이라 할 수 있다. 이들의 만남과 조선 문화에 대한 공명은 조선의 도자기를 비롯해 조선 문화를 이해하는 일본인의 패러다임을 바꾸게 하는 결정적 계기가 되었다고 해도 과언이 아닐 것이다.

참고문헌

정병호·엄인경, 「러일전쟁 전후 한반도의 일본어잡지와 일본어 문학의 성립: 『한국교통회지(韓國交通會誌)』(1902~03)와 『한반도(韓半島)』(1903~06)의 문예물을 중심으로」, 『일본학보』 92집, 한국일본학회, 2012.

淺川伯教, 「彼の故郷と其祖父」, 『工芸』, 1934a.

淺川伯教, 「朝鮮古陶器の研究に就きて」, 『第55回講演集―朝鮮の陶器』, 啓明會, 1934b. 10.

上杉美惠子, 「父·淺川伯教の思い出」, 『陶說』, 1998. 8.

高崎宗司, 『朝鮮の土となった日本人 淺川巧の生涯』, 草風館, 2002a. 8 .

高崎宗司, 『植民地朝鮮の日本人』, 岩波書店, 2002b.

南富鎭, 『近代日本と朝鮮人像の形成』, 勉誠出版, 2002.

柳宗悅, 『柳宗悅全集 第6卷』 , 筑摩書房, 1981.

Gregory Henderson, 「淺川伯教の死を悼む」, 『陶說』, 1964. 4.

「朝鮮實業協會趣旨」, 『朝鮮之實業』, 1905. 5.

「京城に於ける日本人の發展力」, 『朝鮮』, 1908. 3.

「第二卷の一号に題す」, 『朝鮮』, 1908. 9.

『淺川のりたか·巧兄弟の心と眼―朝鮮時代の美』, 美術館連絡協議會, 2011.

2장
근대일본의 조선 문화 인식과 아사카와 노리타카

> 특히 조선의 도자기는 어떤 의미에서 매우 근대적인 느낌이 있다. 현재 일본의 도자기가 가지고 있지 않은 것, 부족한 것을 가지고 있기 때문에 진정한 예술을 이해하는 사람이라면 어느 누구의 마음에도 울림이 있음은 당연하다. 조선의 도자기도 영구히 근대적이라고 할 수 있는 소질을 가지고 있다고 생각한다. … 조선 도자기의 문제가 나오면 일반적으로 곧바로 중국과 비교한다. 그리고 중국 앞에서는 비교가 되지 않는다고 말한다. 이는 조선 도자기에 좋은 개성이 배어 나오고 있음을 알지 못하는 사람들의 말이다. … 서로 다른 것에 공통의 척도를 강요해서는 안 된다. 중국인이 가지고 있는 것을 조선인이 가지지 못했기 때문이라고 하더라도, 문제는 성립하지 않는다고 생각한다.
> (淺川伯敎 1922)

이 글은 다이쇼 시대 인도주의, 이상주의, 개성존중을 기치로 내 걸고 일본 내 문학 · 예술 분야의 주도적인 평론을 게재했던 잡지 『시라카바』의

"조선 도자기 특집호"의 「조선 도자기의 가치 및 변천에 관하여」에서 노리티카가 조선 도자기와 조선 문화의 독창성에 대해 언급한 문장이다. 지금의 관점에서 보면 당연시될 이 말은 대체 어떤 의미를 가지고 있는 것일까? 그리고 이 발언이 이 당시 조선 문화를 둘러싸고 전개되어 온 논의 구조에 어떠한 이의를 제기하려고 했으며 나아가 세상에 어떤 파급을 던진 것이었을까?

노리타카가 조선의 미술공예를 동경하여 한반도로 건너오게 된 것에는 도쿄제국대학 교수로서 조선총독부로부터 위촉을 받고 조선의 고건축 조사를 수행했던 세키노 다다시의 조선 문화 관련 보고서에서 조선 미술공예를 접하게 된 일이 하나의 계기였다고 알려져 있다. 그러나 당시 조선의 문화재나 미술공예에 가장 대표적인 전문가이자 공적인 위치에 있었던 세키노 다다시마저도 조선 예술과 문화에 대해 다음의 의견을 가지고 있었다.

> 조선의 예술은 신라의 통일시대에 가장 발달하고 고려에 들어와 다소 쇠퇴하고 조선에 들어와 더욱더 쇠퇴하여 거의 볼만한 것이 없기에 이르렀다고 하는 점은 조선시찰을 통해 더더욱 굳어졌다. (關野貞 1911)

이 글은 세키노가 한반도 남부의 문화재와 예술품을 조사하고 나서 자신 조사한 유적을 보고 개진한 「남조선의 고미술」인데, 그는 고려시대에 들어와 고대까지 발달했던 한반도의 문화가 쇠퇴하고 조선시대 이후에는 가치 있는 것들이 거의 존재하지 않는다고 역설했다. 이러한 견해는 세키노의 의견일 뿐만 아니라, 조선 문화에 대한 당시 일본 지식인의 가장 보편적인 견해였다.

그런데 아사카와 노리타카와 동생 다쿠미, 야나기 무네요시는 세키노 다다시처럼 공적인 위치에 있지도 않았지만 그와는 다르게 조선 문화를 인식하고 있었다. 이 장에서는 그들의 조선 문화 인식의 특징을 일본 메이지 유신 이후 근대 국민국가를 형성하면서 구축했던 일본의 문명론과 비교하면서 살펴보도록 하자.

근대국민국가의 형성과 조선 인식

근대일본은 후쿠자와 유키치(福澤諭吉, 1835~1901)가 『문명론의 개략(文明論之槪略)』에서 제시했듯이 서양을 하나의 모범으로 설정하고 '반개(半開)' 상태인 일본이 궁극적으로 도달해야 할 '문명'으로 파악하고 있었다(福澤諭吉 1875). 이러한 인식은 메이지시대의 일본 문화사를 논할 때 매우 상식적 규범이라 할 수 있다. 예를 들면, 당시 『여학잡지(女學雜誌)』를 주간했던 이와모토 젠치(巖本善治)는 「부인의 지위」라는 글에서 '남녀교제'를 논하면서 "우리나라 지금의 문명은 바로 반개(半開)의 시대를 벗어나 다소 개화의 영역에 들어가려는 모습이 있는데, 남녀의 교정(交情)에 대해 말하면 치정(癡情)의 시대가 거의 지나고 어쩌면 사랑(愛)의 경계로 나아가려는 시대이다"라고 말했다(巖本善治 1885). 이는 남녀의 관계, 요샛말로 하면 연애론에 대해 논하는 부분이지만, 메이지시대 초기 일본의 근대화를 추진했던 계몽가들은 이처럼 일본사회가 '반개'에서 '개화'와 '문명'으로 나아갈 것을 열망했다. 이와모토 젠치의 경우도 서양의 남녀관계를 문명의 규범으로 이해하고 이를 모범으로 삼고 있듯이, 당시 지식인들이 제도나 규범, 사상, 문화 등 모든 분야에서 서양을 본보기로 하고 있었음은 두말할 나위도 없다.

일본은 메이지유신 이후, 근대국민국가를 형성하는 과정에서 정치적, 제도적, 교육적, 법률적 개혁을 추진함과 동시에, 자국의 국민으로 하여금 애국심과 내셔널리즘을 양성하고 일본국민으로서의 긍지와 일체감을 만들기 위해 이 같은 문명론에 입각하여 다양한 담론을 만들어 갔다.

> 우리나라는 천지산천이 아름다우며 아울러 생활 상태도 훌륭하다. … 만세일계의 황통을 받들어 섬기며 경신충군의 생각이 풍부하고 기질이 쾌활하며, 지력 풍부하여 미를 사랑하고 문학을 좋아하는 것이 마치 천품(天稟)의 성질에 근거하고 있는 것과 같다. 그 옛날 나라가 아직 열리지 않고 천신이 다카마노하라(高天原)에 계실 때에 이미 노래를 읊은 흔적이 역사에 보인다. 그리고 그 이래 거의 3000년간 시절에 성쇠가 있고 사물에 흥망이 있어서, 문학 역시 다소 파란굴절이 없지 않았다고 하더라도 아직 절무(絶無)의 시기를 볼 수 없다. (池谷一孝 1897)

> 우리나라는 태고부터 건국 수천 년의 오랜 기간 동안, 전혀 외국의 침략을 받은 적이 없는 만세일계의 천자님을 받들어 섬기고 천고불변의 국어를 말하고 있습니다. … 이와 같이 수천 년 이래 대대로 연이어 일본어를 말하였고 그 일본어로 지은 문학이 오늘날 우리들의 손에 남아 있다는 것은 매우 소중하고 행복한 일입니다. 일국의 문명은 그 국민이 만들어 내는 것이기 때문에 우리 국민의 사상, 감정의 변천을 표현한 문학사의 이면에는 세계에 특수한 우리 국민의 역사를 볼 수 있습니다. (芳賀矢一 1899)

이 두 인용문은 일본의 근대국민국가 형성기였던 1890년대에 간행된 이케타니 히데노리(池谷一孝)의 『일본문학사』와 하가 야이치(芳賀矢一)의 『국문학사 십강』에 나오는 글이다. 이 글은 "문학의 빛은 서쪽 구라파가 아직 완전히 암흑이었을 때부터 빛나고 있었"(芳賀矢一 1899)다는 사실을 논증하기 위해, 인간의 역사가 시작되기 이전부터 일본 국문학이 존재했다는 주장을 일본 문화, 자연, 전통, 일본어의 우수성과 연계지어 논리화하고 있다. 즉 일본 문학 존재의 장구함과 연속성을 일본의 아름다운 자연풍경과 국토, 일본 민족의 미덕, 만세일계 면면히 내려온 천황가의 특성과 연계지어 일본 문학이 그 연속선상에 존재하고 있음을 강조한다. 따라서 문명의 모범이라 할 수 있는 서구를 의식하면서 일본 문화가 이를 뛰어넘을 가능성을 제시하고자 했다. 그렇기 때문에 "일국의 문명은 그 국민이 만들어 내는 것이기 때문에 우리 국민의 사상, 감정의 변천을 표현한 문학사의 이면에는 세계에 특수한 우리 국민의 역사를 볼 수 있"다는 논리를 통해 일본 문화의 우수성과 자긍심을 적극적으로 제시하고 있다.

『일본문학사』의 경우처럼, 근대일본의 지식인들은 우월적인 일본 문화의 이미지를 구축하기 위해 서양이나 아시아 각국과 비교하면서 일본 문화의 우수성을 언급하는 경우가 많았다. 이러한 경우는 대부분 문명/야만이라는 이분법적 도식 속에서 논의되었으며, 1900년대 이후에는 식민지주의나 제국주의적 담론과도 착종하면서 논의를 전개해 나갔다.

메이지 초기 일본이 식민지주의를 정당화하기 위해 오키나와(沖縄)나 대만, 아이누를 '미개'나 '야만'으로 이미지화했듯이(小森陽一 2001), 당시 한반도에서 일본인들이 쓴 기사를 보면 조선인에 대해서도 실제 '야만' 또는 '미개'한 자로 이미지화하여 이를 널리 확산시킴으로써 식민지주의의 정당성을 변호했음이 드러난다.

> 한국인은 불결함을 불결하다고 하지 않고, 파렴치를 파렴치하다고 하지 않으며 미(美)에 대해 선(善)에 대해 신경이 매우 둔하다. 허언(虛言)과 허식(虛飾)에 능하고 사소한 일이라도 진실을 말하지 않고, 오랫동안 이뤄진 버릇이 깊게 침윤하여 계급적 관념이 확고해 뿌리 뽑을 수가 없다. 태만하고 방일(放逸)하여 근면과 역행을 싫어하고 질서와 규율의 관념이 부족하며 또한 아주 냉혹하여 동정의 마음이 결여되어 있다. 질투와 의심이 깊어서 음험(陰險)하며 낡은 관습에 얽매여 쾌활한 기상이 부족하여 한국인에게 수신(修身)을 역설하여 성정을 교화하려고 하면 우선 이 폐단과 악습을 없애는 데 힘을 다해야 할 것이다. (釋尾旭邦 1908)

샤쿠오 교쿠호(釋尾旭邦)의 「한인(韓人) 교육에 대해」라는 이 글에서는 한국인이 근원적으로 다양한 형태의 악덕과 부덕을 내재화하고 있으며 수많은 폐단과 악습에 사로잡혀 있다는 재조 일본인의 주장이 잘 드러나 있다. 이렇게 한국인을 부정적이고 열등한 이미지로 규정하는 데에는 바로 한국인의 야만성과 미개함을 하나의 사실로서 단정하여 일본인과 차별화시키려는 의도가 강하게 내재되어 있다고 할 수 있다. 즉 이러한 조선인에 대한 부정적인 인식의 확산을 통해 오히려 일본인과 일본 문화의 우수성을 각인하고 일본의 미덕과 우수성을 상대적으로 강조하고자 했다. 이렇게 조선인을 차별화하는 부정적이고 열등한 이미지를 만들어 낸 것에는 당시 일본의 식민지주의를 정당화하려는 의도가 있었음은 두말할 여지가 없을 것이다.

한편, 메이지유신(1868) 이후 대일본제국헌법(1889)과 교육칙어(1890)의 발포, 청일전쟁(1894~95)과 러일전쟁(1904~05)의 발발 등 역사적인 대

사건과 맥을 같이하면서, 역사학, 종교학, 사회학, 인류학, 교육학, 문화론, 풍토론, 심지어는 언어학 등 다양한 분야에서 이러한 문명론을 둘러싼 논의가 이뤄졌다. 이를 통해 근대일본은 자국의 내셔널 아이덴티티를 창출하고 주변국에 대한 식민지주의를 고무하는 방향으로 나아갔다.

근대일본의 조선 문화 인식

이처럼 근대문명론이라는 프리즘을 통해 일본의 우월적이고 문명적인 자기 이미지를 구축해 가는 과정에서 조선인과 조선 문화를 차별하고 멸시하는 논리도 한층 구체화되었는데, 이러한 문명/야만이라는 구조는 조선의 문화, 예술, 공예, 문학을 논할 때에도 그대로 적용되었다.

1876년 강화도조약으로 부산, 인천 등 개항지를 중심으로 조선에 이주했던 이른바 재조일본인들은 그들만의 거류지를 전국 각지에 만들었다. 이때 부정적인 조선(인)의 문화적 이미지를 강조함으로써 일본인 사회의 우월적인 문화적 동일성을 적극적으로 구축하고자 했다. 예를 들면 당시 일본어 신문과 잡지에서는 다음과 같은 조선 문화 · 예술 · 문학론을 전개했다.

> 원래 조선에는 문학이 있는가? 나는 지난 가을 도한(渡韓)했을 때 석조(夕照) 눈부신데 백의를 입은 한국의 아이가 소나무 낙엽을 긁어모으면서 노래하는 비애의 속요(俗謠)를 듣고 깊고 깊은 감흥을 불러일으킨 적도 있었다. 그럼에도 불구하고 불행하게도 나는 조선에 문학이 없다고 단정하지 않을 수 없다. 물론 한국에는 시(詩)가 있고 음악도 있고 미술도 있다. 그렇지만 이 모두

는 지나(支那)의 시, 지나의 미술, 지나의 음악이지 한국 특유의 것은 아니다. (「朝鮮の文學(上)」, 1907)

더구나 위로는 제왕에서 아래는 서민에 이르기까지 옛날부터 현재까지 국욕(國辱)이 무엇인지를 알지 못하고 오로지 강한 이웃의 권세에 아부(阿附) 미종(媚從)하여 그 숨소리를 살피고 그 환심을 구하고 국가백년의 대계에 전혀 생각이 미치지 못하고 눈앞의 대수롭지 않은 일을 좇아 갈팡질팡 어쩔 줄 모를 정도로 급하게 자득(自得), 유열(愉悅)하고 창부와 같은 무절조한 교언(巧言), 영색(令色)과 방간(幇間)과 같은 무정견(無定見)한 면종(面從) 복배(腹背)를 국시로 하고 정책으로 삼았으며, 게다가 이웃나라와 교제하는 요체라고 사유하였다. 근세에 이르기까지 역대 지나의 문물제도를 모방하고 조정의 의식전례를 비롯하여 관혼상제의 말단에 이르기까지 하나같이 그 흉내를 내고 스스로 뉘우치지 않았다. (淺見倫太郎 1910)

이런 형편이기 때문에 한인(韓人)은 상류사회에 있어서도 미술을 사랑하는 일도 없고, 정원을 좋아하여 즐기는 일도 없으며 또한 널리 진서(珍書)를 수집하여 즐기는 일도 없고 고상한 취미라는 것은 거의 존재하지 않는다. … 그들은 도저히 고상한 취미를 감상할 수 있는 능력이 없는 열등한 백성이다. 탁주에 취해 기생을 안고 천편일률의 정시(情詩)를 노래하는 것을 유일한 취미, 오락으로 삼고 있다. (旭邦生 1910)

이 인용문 중에서 인천에서 간행되던 『조선신보(朝鮮新報)』에 실린 첫 번째 글 「조선의 문학(상)」의 취지는 구미(歐美)의 역사가들이 쓴 한국

문화에 관한 저술에 많은 '오류'와 '오해'가 있음을 지적하면서 한국에는 한국 특유의 '시'나 '음악' '미술'이 존재하지 않음을 단언하는 데 있었다. 그러면서 '일본의 문학'이 한국에 새롭게 이식되고 배양되어야 한다는 이론적 근거를 만들고자 했다. 한편, 두 번째 글은 전근대 조선 한문학의 역사적 변천을 기술하고 자신의 의견을 개진한 법학사 아사미 린타로(淺見倫太郎)의 「조선문학 작가록」이다. 여기서 필자는 새롭게 일본의 영토가 된 조선의 역사가 결코 짧지 않음에도 불구하고 조선시대는 국왕과 서민에 이르기까지 사대주의를 숭상하여 문물제도나 의식은 물론 모든 문화예술이 중국을 모방하고 흉내 내는 데 그치고 있었다고 야유하고 있다.

세 번째는 일본어 종합잡지 『조선』의 편집자였던 샤쿠오 교쿠호가 「조선잡화(2)」라는 글에서, 단지 문화와 예술이 부재할 뿐만 아니라 조선인들은 예술이나 문화를 좋아하고 즐기는 고상한 취미를 가지고 있지 못하다고 비판하는 부분이다. 이러한 인식은 모두에서 살펴보았던 "조선의 예술은 신라의 통일시대에 가장 발달하고 고려에 들어와 다소 쇠퇴하여 이조에 들어와 더욱더 쇠퇴하여 거의 볼만한 것이 없기에 이르렀다"고 논한 세키노 다다시의 조선 예술문화 부정론과 궤를 같이하는 논리라 할 수 있다.

이와 같이 조선 예술문화 부재·부정론이라고도 할 수 있는 이 같은 인식은 단지 한반도에서 간행된 일본어 신문·잡지만의 인식은 아니었다. 조선인은 조선 특유의 문화, 예술을 창출하지 못하고 모든 조선의 예술이 황폐해 있음을 주장하는 상기 재조일본인의 인식은 이미 19세기 후반 이래 일본 지식인들이 상투적으로 지적하던 논리였다.

상주(常住)하는 거처가 없고 상식(常食)하는 음식이 없다. 편리함을 좇아

무리를 이루지만 편리함이 다하면 금세 흩어져 흔적을 알 수 없다. 혹은 거처를 정해 농사와 고기잡이에 종사하여 의식(衣食)이 부족하지 않다고 하더라도 기계의 고안을 알지 못한다. 문자가 없지는 않지만 문학에 해당하는 것이 없다. 천연의 힘을 두려워하고 인위의 은혜와 위광(威光)에 의존하고 우연한 화복(禍福)을 기다릴 뿐이며 스스로 생각을 짜내는 자가 없다. 이를 야만이라고 이름한다. 문명과 멀리 떨어졌다고 할 수 있다. (福澤諭吉 1875)

의식적 동화(同化)는 사회통제의 근본요소를 쇄신함으로써 일어난다. 언어, 종교, 문예, 풍속, 정태(政態)의 5대 요소는 특히 중시해야 할 사항이다. … 문예라는 말은 문학, 미술, 공예를 함축한다고 본다. 조선은 문예에 있어서 일본의 사전(師傳)이었지만 한문의 세력이 너무 심대하였기 때문에 특유의 문학이 번창하지 않고 또한 악정의 결과, … 오늘날 조선은 거의 미술, 공예가 완전히 없어져 존재하지 않기에 이르렀다. (小山東助 1905)

청일전쟁 전의 조선은 자립된 조선이 아니며 전적으로 청나라의 속방(屬邦)에 지나지 않았음을 … 현재의 조선에 이르러서는 우리나라가 이를 부양하고 보호하지 않는다면 하루도 독립을 유지하는 일이 불가능하지 않겠는가. … 이 왕국의 고대문화는 우리나라에서 수입했을 정도이기 때문에 일시 개화되었음에 틀림없기는 하지만 오늘날은 모든 문학, 모든 공예, 모든 미술이 전적으로 황폐하고 부패하여 고유의 언어가 있다고 하더라도 이 국민의 일용문은 한문에 의존하여 언문(諺文)을 사용하지 않고 이는 문학, 공예, 미술, 언어상 … 의 망국이다. (川崎三郎 1895)

첫 번째 글은 근대일본 문명론의 지침서라 할 수 있는 후쿠자와 유키치의 『문명의 개략(文明之槪略)』 중 한 부분인데 여기서는 '야만'한 상태에 있는 나라의 증거 중 하나로 '문학'의 부재를 제시한다. 이 같은 인식은 그대로 계승되어 이노우에 데쓰지로(井上哲次郎)의 「일본문학의 과거 및 장래」에서 볼 수 있듯 "문학은 국민의 꽃이다. 즉 국민정신이 환발(渙發)하여 광채를 이루는 것이다. 어떤 문명국도 … 일종의 찬연한 문학을 가지지 않은 나라는 없다"는 사고방식으로 이어졌다(井上哲次郎 1895). '문학'의 부재가 곧 '야만'의 증거라는 이러한 담론을 당시 조선의 상황에 적용하면 두 번째, 세 번째 인용문 같은 조선 문학의 표상을 만들어 낸다.

앞의 인용문들의 논리를 정리하자면 특유의 문예를 가지지 않은 조선은 당연히 '문명국'이 아니며 '독립'의 능력도 부재하기 때문에 다른 나라에 의해 보호를 받을 수밖에 없다. 특히 문학이나 공예, 그리고 미술이 '전적으로 황폐하고 부패'해 버린 이유가 바로 '한문'이나 중국에 대한 사대사상 탓이라고 간주한다. 그런데 이러한 논리가 조선시대 이후 조선이 '청나라의 속방(屬邦)'에 지나지 않았다는 점과 조선에 대한 일본의 부양과 보호를 강조하는 데 귀결되고 있다는 점에 상기 평론의 최종적인 의도를 읽을 수 있다. 이는 뒤에서 자세히 설명할 아사카와 노리타카의 조선 미술 · 공예론, 아니면 조선 도자기론과 그 의견이 완전히 다르다는 점이 주목된다.

그러나 앞에서 인용한 이러한 견해와 논조는 19세기 후반부터 일본 지식인들, 아니면 조선으로 건너온 재조일본인들의 주류적 견해였다. 그리고 이렇게 그 독창성이 결여된 조선 미술, 공예, 문학, 음악 등의 이미지는 경우에 따라서는 예술을 좋아하거나 즐기고자 하는 취미의 결여를 지적하는 논리로 이어진다. 즉 조선 예술문화의 부재론은 "한인(韓人)은 미적 관념이 없다. 따라서 상품에 장식을 궁리할 필요가 없다"(小山東助 1905)는 식으로 조선인에게는 미적 관념이 없다는 인식을 만들면서 새로운 콜로니얼 담론을 만들었다.

그런데 이러한 조선의 '문학' '미술' '공예' 부정 · 부재론은, 고대에는 찬연한 독자의 문화와 문명을 구가하던 시대가 있었지만 그 이후에는 중국의 속국이 되어 중국 사상의 숭배와 정치적인 문제로 그 고유한 문화를 잃어버리고 망국적 운명에 이르렀다는 논리의 구조를 취한다. 예를 들면, 다카하마 덴가(高濱天我)의 「한국의 시제」에서 전개된 "이전에는 일본인에 대해 선진국의 문명을 수입하는 중개자였던 구교(舊交)를 가지고 있지만 자연의 대세(大勢)에 무너지려고 하는 망국적 운명을 보고는 매우 통절한 흥취가 있음을 본다"라는 논리가 이에 해당한다(高濱天我 1906). 이러한 주장은 러일전쟁을 전후로 하여 일본 민족론, 혹은 일본의 조선 침략을 합리화하기 위해 이 시기 활발하게 논의되었던 '일선동조론(日鮮同祖論)'의 논리와 일맥상통하는 구조를 가지고 있다.

여기서 흥미로운 점은 이광수의 '조선 문학론'은 물론이거니와 특히 민족주의적 문학사가로 널리 알려진 안확의 『조선 문학사』 등 일제강점기 한국의 문학론이나 문학사에도 이러한 논리가 답습되고 반영되었다는 점이다.

> 적어도 李氏朝鮮 五百年間에는 吾人은 「우리것」이라 할 만한 哲學, 宗教, 文學, 藝術을 가지지 못하였섯다. 吾人中 가장 幸福되고 無能한 一階級이 漢土의 文化의 糟粕을 빨뿐이엇섯다. 吾人은 祖先이 웨 그다지 無能하야 吾人에게 精神的으로 아모 遺産을 끼치지 못하엿는가를 암만번 원망하여도 足할 줄을 모르겟다. (이광수 1918)

이광수는 이 「부활의 서광」이나 「문학이란 何오」 등의 평론을 통해 문학, 예술은 물론 철학, 종교에 이르기까지 조선의 고유한 문화를 가지지 못했다는 점을 적극 주장하고 비판했다. 그 이유는 중국 문화와 한문학의 과도한 숭배 때문인데 그렇기 때문에 "우리의 精神이 十餘世紀間 冬眠의 狀態에 잇서왓다"고 단언하고 있다(이광수 1918). 조선 문학이나 조선 예술, 또는 조선 문화 부정론은 당시 조선 지식인에게도 상당한 영향을 끼치고 있었던 것이다. 이는 일본 본국에서 조선의 식민지화를 둘러싸고 논의되었던 조선 문학 관련 논의와 한반도의 조선 문학론이 공모하여 만들어 낸 담론이 한국문학자들의 자국문학론에 어떻게 영향을 끼쳤는지를 보여 주는 단적인 예라 할 수 있다.

아사카와 형제의 조선 문화 인식의 의의

19세기 말부터 근대일본 지식인들이 조선 문화에 대해 갖고 있던 가장 큰 인식은 앞에서 살펴보았듯이 조선 문화를 중국 문화의 아류로 본다는 것이었다. 이런 측면에서 조선의 문학, 음악, 미술 등은 조선의 고유한 독창성이 부정되고 일종의 조선 문화 부재론 같은 인식이 널리 유통되었던 셈이다.

이러한 논리가 당시의 일부 조선 지식인들에게도 영향을 주었음은 이광수의 견해를 통해 확인했지만, 반대로 일제강점기 조선에 들어와 조선 미술공예를 가까이에서 접하고 있었던 소수의 일본인들은 이와는 다른 생각을 가지고 있었다. 그 대표적인 인물이 바로 아사카와 형제였는데, 그들은 조선 문화의 독창성과 우수성에 대해 적극적으로 의견을 피력했다.

내가 조선에 와서 가장 먼저 느낀 일은 조선의 도자기는 재미있다는 사실이었습니다. 그것은 그 아름다움에 대해서는 여러 가지 소인(素因)이 있지만 … 추상된 아름다운 인체라고 생각했습니다. 방의 장식으로서 나체 조각은 좀처럼 우리들 동양인이 직접 다가가기 어려운 다양한 원인이 있습니다. 그것을 지금 우선 그 상징된, 예를 들면 고려나 이조의 항아리를 보면, 역시 희랍의 비너스 같은 간략화된 그 어떤 것을 발견합니다. 그것이 중국의 모습도 아니거니와 일본의 모습도 아닙니다. … 그리하여 그 하나의 항아리가 조선의 모습이며 마음임을 어렴풋하게 납득했습니다. (淺川伯教 1934)

이 글은 「조선고도기의 연구에 대해」에서 조선의 고(古)도자기 연구에 관해 밝힌 노리타카의 발언인데, 여기에서는 19세기 후반부터 일본 내 지식인은 물론 조선에 거주했던 재조일본인 지식인들 사이에 보편화된 조선의 문화관과는 전혀 다른 새로운 인식이 드러난다. 즉 일본 지식인들이 제기한 것처럼, 조선의 도자기는 중국의 아류가 아니라 조선인의 삶과 생활, 환경에 밀착된 독창적인 것이며 그런 의미에서 조선의 미술공예는 중국과 일본 문화와 전혀 다른 아름다움을 가지고 있다는 점이다. 특히 노리타카는 서양 조각을 공부하고 직접 창작했던 전문가의 시선으로 조선의 도자기를 "선과 광택이 완전히 살아 있는 하나의 상징된 토르소"라고 파악하고 이런 의미에서 그리스의 비너스 여신상에 비견할 만한 상징미를 유추했다.

일본 지식인뿐만 아니라 오랜 동안 서양 지식인들도 조선 문화를 중국 아니면 일본 문화의 아류로 보려는 견해를 가지고 있었지만, 노리타카는 앞에서와 같은 시각을 적극 논박하고, 조선 도자기 속에 조선인의 삶과 마음을 발견하여 이를 서양문화의 원형이라 할 수 있는 그리스 비너스상과 견주어 논할 정도로 조선 문화의 우수성을 재정립한 것이다.

물론, 이 글은 1934년 계명회(啓明會)의 조선도자기연구회에서 발언한 노리타카의 의견이다. 하지만 앞에서 살펴본 1922년의 글 「조선 도자기의 가치 및 변천에 관하여」에서 "조선 도자기에 대한 이야기가 나오면 일반적으로 곧바로 중국과 비교한다. 그리고 중국의 것과는 비교가 되지 않는다고 말한다. … 중국인에게 있는 것을 조선인이 가지지 못했다고 하는데, 나는 이를 인정할 수 없었다"라고 지적하듯이(淺川伯教 1922), 처음부터 노리타카는 조선의 도자기 속에서 독창적인 조선 문화의 동력을 발견하고 그 의미와 아름다움을 제시하고자 했으며, 이러한 생각은 아사카와 노리타카가 그의 생애에 걸쳐서 가지고 있었던 일관된 견해이자 가치관이었다.

그림 2-1
노리타카가 수집한 도편(陶片)들 〈출처: 寫眞提供 淺川伯教巧兄弟資料館〉

> 도자업은 경영하기 어렵지만, 민족이 융성할 때는 자연히 우수한 물건을 만들게 되고 우수한 물건을 생산하는 것은 곧 태평성세의 도래와도 관계가 있다고 생각한다. 옛날 조선에는 각 시대마다 전 세계에 독보적이라고 내세울 수 있을 만큼 훌륭한 도자기가 있었다. 그까지 도자기를 세상에 자랑하다니 시시하다고 말하는 사람이 있을지는 모르지만, 앞에서도 말했듯 사회 전체가 융성하지 않은데 도자기만 훌륭해질 수는 없다. (淺川巧 1935)

그런데 여기서 인용한 아사카와 다쿠미(淺川巧)의 『조선도자명고』에서 보이듯 그러한 가치관은 노리타카만이 아니라 동생 다쿠미도 공명하고 있던 견해였다. 이 글에서 다쿠미는 조선의 도자기가 각 시대를 불문하고 전 세계에 자랑할 수 있는 우수한 공예이며, 이러한 도자기의 사례를 통해 조선이라는 사회가 일본의 지식인이 말하듯이 당쟁과 악정으로 일관된 피폐하고 모순된 사회가 아니라 매우 훌륭하고 융성한 사회였음을 강조하고 있다. 이런 인식은 일본 내 주류 지식인 사회에서 어느 정도 발신력과 영향도를 가지고 있던 야나기 무네요시도 공유했던 공통의 가치관이기도 했다.

이러한 가치관이 있었기 때문에 노리타카는 일본의 다도(茶道)에서 중시되어 온 조선다완을 언급하면서, "지금까지 그것이 어느 곳의 물건인지, 조선의 어디에서 만들어지고 있었는지 하는 사실을 여실히 확인할 수 없었"음을 언급하며 일본 내 조선 도자기와 한반도의 도자기를 조사하고 연구에 몰두한다. 이를 통해 조선 도자기의 계통적 변천과정을 총람하면서 조선의 다양한 문헌조사에 기초하여 이러한 일본 도자기의 유래지로서 조선 도자기에 대한 연구를 심화하게 된다.

다음으로 노리타카는 조선 도자기의 가마터 조사와 문헌조사, 그리고 이론적 탐구를 통해 단지 그 우수성과 아름다움을 학술적으로 논리화하는 데에 그치지 않고 그는 조선 문화의 전통적인 층위가 변화된 사회 속에서 어떻게 유지되고 보존되어야 하는지에 대해서도 깊은 관심을 가지고 기회가 있을 때마다 이와 관련된 주장을 설파했다.

> 주마등같이 흘러가는 지금 세상에서는 어느샌가 이 내면의 아름다움이 상실된다. 페인트가 옻칠을 대신하고 고무신, 철엽(鐵葉), 인조가죽, 콜타르,

아무런 맛이나 정취가 없는 연질(軟質) 도기, 이러한 것을 아름답다는 사람도 있다. 그것도 괜찮을지 모른다. 오래된 것을 모방하는 사람보다야 옳다.

하지만 고무신은 가죽신보다, 페인트는 옻칠보다 아름답지 않은 것은 사실이다. 크롬 청자는 변소 요강에야 괜찮지만 식기로는 못쓴다. 동양의 재료를 동양의 기분으로 살릴 사람이 누군가 태어나야 한다. 서양의 사상이나 미술 앞에서 동양의 것이 망하기라도 할 듯 여기는 사람이 있다. (淺川伯教 1926)

그러나 지금 연구하지 않으면 피상의 문화는 아쉬워하는 기색도 없이 이들 유적과 유물을 파괴해 가고 있으며 이른바 오늘의 조선은 메이지(明治) 초년에 나라(奈良)의 오층탑이 팔리러 나온 무렵의 일본과 같은 시기입니다. 즉 조선의 현금은 오랜 역사가 개방되어 공개되어, 그것이 또한 곧 신래(新來)의 문화 때문에 파괴되고 소실되려고 하는 찰나입니다. … 그런데 흙으로부터 나온 것은 한번 상인의 손에 건네지면 사료로서는 정말로 그 진가가 엷은 것이 됩니다. (淺川伯教 1934)

첫 번째 글은 한반도에서 간행된 일본어 잡지 『아침(朝)』에서 조선백자에 대해 논한 「이조백자 단지」다. 여기에서 노리타카는 새롭게 변화하는 환경 속에서 서양의 신기술로 인해 전통적인 공예와 미술이 사라지는 현실을 지적하면서, 이러한 새로운 기술은 아무리 편리하다고 하더라도 이것은 결코 내면적 아름다움을 가지고 있지 못하다는 사실을 역설하고 있다. 이러한 의견은 결국 조선의 전통적인 공예와 미술이 잘 유지되고 보전해야 한다는 사실을 강하게 촉구하고자 하는 의도도 가지고 있었던 셈이다. 그런데 이러한 의식은 두 번째 글에서 보다 명료하게 제시되는데, 조선의 유적과 유물이 새로운 문화로 인해 파괴되고 잃어버릴 가능성을 경고하고, 이러한 피상적인 새로운 문화에 대처할 방법에 대한 생각을 반복적으로 제시하고 있다. 특히 여기서 상인에 의한 자본주의적 유통과정에 대해서도 경계감을 늦추지 않는다.

이러한 인식은 조선총독부가 남산을 깎아서 조선신궁을 건축하는 모습을 보고, 또한 경복궁 내에 조선총독부 청사 건물을 짓는 모습을 보고 그것이 조선의 자연과 문화재를 파괴한다면서 강력하게 이의를 제기하며 안타까움을 표명했던 아사카와 형제의 가치관이 그대로 투영되는 것이기도 하다. 특히 조선총독부가 경복궁의 정문인 광화문을 없애려고 하는 계획에 대해 미디어를 통해 강한 반대와 이의를 제기했던 야나기 무네요시의 행동, 심지어 조선음악도 원래 그대로의 모습으로 보전되어야 한다는 노리타카의 주장과 같은 궤도에 있다고 할 수 있다.

> 조선의 목공품은 도기(陶器) 등이 그런 것처럼 특수한 맛을 가진 훌륭한 것이다. 요즘 여기저기 되돌아보는 사람들이 늘어나기 시작한 듯한데 이제부터 앞으로 더 한층 인정받을 때가 올 것이라고 생각한다. … 그러나 그래도 조선의 젊은 사람들 사이에 이미 잊힌 사항도 적지 않은 듯하다. 본서에 실린 사진을 제시하면 이렇게도 훌륭한 기물(器物)이 자기나라에도 있었는가라고 놀랄 청년조차 드물지 않다. 이러한 사실들은 한참 시간이 지나면 더욱 확실해질 것이라고 생각한다. … 그 일상생활에 자신을 가까이하고 견문의 기회를 주고 내 질문에 친절하게 대답해 준 조선의 친구, 헤아릴 수 없는 정도로 수많은 분들을 일괄하여 여기에 감사의 뜻을 표하고 친밀함이 한층 더 더해지기를 바라마지 않는다. (淺川巧 1929)

이 글은 다쿠미가 조선 소반의 산지, 형태, 재료, 시대, 용도 등을 처음으로 조사 연구한 『조선의 소반(朝鮮の膳)』에 나오는 대목인데, 여기에서 이미 변화된 사회 속에서 잊혀 가는 조선 공예에 대한 느낌을 서술한다. 이러한 잊혀 가고 잃어버리고 있는 조선 문화에 대한 안타까움, 이 연구를 수행하는 데 도움을 준 수많은 조선인 친구들에 대한 애정을 담은 진심의 감사에서 다쿠미의 진정성을 읽을 수 있다. 특히 이 글에서 "현재의 자본주의가 길게 계속 이어지면 이 안전지대도 침범당하고 공예도 그 원천이 황폐해져 버릴 것"이며, "다른 나라의 물질문명을 구가하고 기계공업을 예찬하여 그 흉내를 기도"하기보다는 "가지고 있는 중요한 것을 잃지 않"을 것을 적극 권장하고 있다. 이러한 인식이야말로 아사카와 형제가 공유했던 조선의 전통과 문화에 대한 애정의 표현이며, 여기서 우리는 그러한 조선 문화가 훼손되지 않고 변화된 사회 속에서 올바르게 보전되었으면 하는 절실한 기도를 읽을 수 있다.

형 노리타카가 전통이 다른 조선과 일본을 서로 이해하고 융화시키는 것을 '미술'이자 '공예'라 칭하고 도자기나 미술을 통해서의 '호의'나 '감정의 융합'을 도모하고자 했듯이 동생 다쿠미도 이에 대해 절대적으로 동감하고 있었다. 이는 야나기 무네요시의 「그의 조선행」에서 기술되어 있듯이 "저는 처음으로 조선에 왔을 무렵, 이곳에서 산다는 것 자체가 마음에 걸리고 조선인에게 미안해서 몇 번이나 일본으로 돌아가려 했"다는 자기 고백과 더불어 "조선인의 마음을 이야기해 준 것은 역시 조선의 예술"이며 그렇기 때문에 "제가 조선에 있는 것이 언젠가 무엇인가에 도움이 되었으면 하고 기도합니다"라는 다쿠미의 생각에 잘 나타나고 있다(柳宗悅 1920).

본래 인종으로나 지리로나 가까운 혈연사이인 일본과 조선은 한층 더 마음으로부터 우러나온 벗이 되었으면 합니다. 지금은 본의 아닌 추세(趨勢) 때문에 두 마음이 서로 미워하고 거부하고 있습니다. 우리들은 정치의 힘이 얼마만큼 두 나라를 결합시키는 데 성공할 수 있을지 알지 못합니다. 다만 이 세상에 진정한 평화와 우정을 안쪽에서 가져오게 하는 것은 종교나 예술의 길이라고 믿고 있습니다. 어떻게 하든지 그 길을 통해서 상대에 대한 사랑을 일깨우고 싶습니다.

우리는 조선인의 예술적 감성이 뛰어나다는 점을 그 역사를 통해 잘 알고 있습니다. 우리들은 이웃나라 사람들에 대해 전부터 간직하고 있던 신뢰와 정애의 표시로 이번에 조선에 건너가 음악회를 개최하고 그 음악회를 조선인들에게 바칠 생각입니다. (柳宗悅 1920)

이 글은 야나기 무네요시가 조선에서 성악가인 그의 아내 가네코(兼子)의 음악회가 열릴 즈음 만들었던 「음악회 취지문」으로, 그는 여기서 얻은 수익 3,000엔을 모두 '조선민족미술박물관' 설립을 위한 자금으로 기부했다. 이 글에서도 정치의 힘보다는 예술을 통해 진정한 평화와 우정을 기대하는 인식이 잘 나타나 있다.

이러한 측면에서 이 세 사람이 가지고 있었던 조선 문화에 대한 인식은 당시의 일반적인 일본 지식인의 견해와는 전혀 달랐으며 나아가 조선 문화의 진정한 보전과 이러한 예술을 통한 우호친선을 진심으로 갈망했다고 할 수 있다.

참고문헌

이광수, 「復活의 曙光」, 『청춘』 12호, 1918.

정병호, 「한국의 '조선문학(사)론' 형성과 중국사상의 표상: '일본문학사' 및 '조선(인)론'의 비교를 통해」, 『일본학보』, 한국일본학회, 2010. 11.

青木寛吉, 「教育上及商業上より觀たる朝鮮人」, 『朝鮮之實業』, 1905. 6.

淺川巧, 『朝鮮の膳』, 工政會出版部, 1929.

淺川巧, 『朝鮮陶磁名考』, 朝鮮工藝刊行會, 1935.

淺川伯教, 「李朝陶器の価値及び変遷に就て」, 『白樺』, 1922. 9.

淺川伯教, 「李朝白磁の壺」, 『朝』, 1926.

淺川伯教, 「朝鮮古陶器の研究に就きて」, 『第55回講演集　朝鮮の陶器』, 啓明會事務所, 1934.

淺見倫太郎, 「朝鮮文學作家錄」, 『朝鮮』, 1910. 10.

池谷一孝, 『日本文學史』, 東京專門學校, 1897.

井上哲次郎, 「日本文學の過去及び將來」, 『帝國文學』, 1895. 1.

巖本善治, 「婦人の地位」, 『女學雜誌』 第2号, 1885.

川崎三郎, 「朝鮮問題」, 『太陽』, 1895. 5.

旭邦生, 「朝鮮雜話(其二)」, 『朝鮮』, 1910. 4.

小森陽一, 『ポストコロニアル』, 岩波書店, 2001.

小山東助, 「朝鮮同化論」, 『新人』, 1905. 6.

釋尾旭邦, 「韓人教育に就て」, 『朝鮮』, 1908. 7.

關野貞, 「南朝鮮に於ける古美術」, 『朝鮮』, 1911. 1.

高濱天我, 「韓國の詩題」, 『朝鮮之實業』, 1906.3.

中根隆行, 『'朝鮮'表象の文化誌』, 新曜社, 2004.

芳賀矢一, 『國文學史十講』, 富山房, 1899.

福澤諭吉, 『文明之概略』, 1875.

柳宗悅, 「『音樂會』 趣意書」, 1920. 4.

柳宗悅, 「彼の朝鮮行」, 『改造』, 1920. 10.

「朝鮮の文學(上)」, 『朝鮮新報』, 1907. 9. 10.

3장

일제강점기 조선 전통예술 최초의 '한류' 붐

예술은 항상 국경을 넘어 마음의 차별을 뛰어넘는다. 나는 내가 소유하는 작품을 모든 사람들의 소유로 만들고 싶다. … 나는 지금 조선의 예술을 사람들에게 한층 가까이하지 않으면 안 된다는 임무를 느끼고 있다. … 나는 조선 민족의 저 우수한 작품이 우리들 마음에 깊이 섞이는 날이 올 것이라는 점을 조금도 의심하지 않는다. 그래서 그 작자로서의 민족이, 우리들 마음의 친구가 되리라는 점을 의심하지 않는다. 나는 이 희망과 신념을 다하기 위해 마침내 '조선민족미술관' 설립을 계획했다. (柳宗悅 1921)

1924년 4월 식민지 조선에 조선의 도자기와 미술공예를 보전하고 미술공예의 미적인 가치를 널리 알리기 위해 '조선민족미술관'이 경복궁 내 집경당(緝敬堂)에 문을 열었다. 그 설립 주체는 바로 아사카와 형제와 그들을 가장 잘 이해하는 야나기 무네요시였다. 미술관 설립을 위해 아사카와 형제는 자신들의 소장품을 기증하고 여타 미술공예품 수집에 몰두했으며,

일찍이 이들 형제로부터 조선 미술공예에 관해 지적 · 예술적 자극을 받은 야나기 무네요시가 조선 미술공예의 구입과 수집, 이를 위한 자금 모금, 그리고 조선총독부와 협상을 담당했다.

앞에서 살펴보았듯이 일본은 19세기 후반 이후 동아시아에서 정치적, 군사적, 경제적 힘을 바탕으로 하여 오키나와(沖繩)를 자국으로 완전히 편입시켰으며, 청일전쟁과 러일전쟁에서 중국과 러시아를 제압하고 대만과 조선을 식민지로 복속시킨 뒤 중국의 만주지역으로 향했다. 이때 일본은 식민지화를 위한 다양한 논리를 만들었는데, 그중에서 가장 대표적인 논리가 바로 모든 민족을 우수한 문명과 열등한 야만으로 이분화하는 것이었다. 그렇게 하여 우수한 문명사회가 열등한 미개사회를 정복하고 교화해야 한다는 식으로 침략과 지배를 정당화했다. 이 과정에서 근대일본은 삼국시대와 고려시대 전기를 제외하면 한반도에는 독창적이고 뛰어난 예술, 문화, 문학이 존재하지 않는다는 이른바 조선 예술문화 부재론을 제기했다.

조선이 일본에 강제 병합된 뒤 조선의 지식인들이 이러한 논리에 대항하려고 했으나 미술공예 분야에서 큰 세력을 형성하지는 못했다. 이 시기에 아사카와 형제는 조선 현지에서 당시 아무도 돌아보지 않았던 조선백자를 발견하고 이 백자와 미술공예의 미적 가치를 누구보다도 먼저 인식하여 그 조사 연구에 착수했다. 그러는 과정에서 다이쇼 시대 문학과 미술 분야에 상당한 영향력을 가지고 있었던 문예지 『시라카바』의 동인이었던 야나기 무네요시와의 만남은 그들의 이러한 인식을 일본과 조선에 확산시키고 조선 문화의 가치를 제고하는 큰 계기가 되었다. 조선 문화 자체가 열등시되던 시대에 이들은 조선 도자기와 미술공예를 통해 그 예술적, 문화적 가치를 체계화하여 널리 알리려 했으며 1920년대에는 조선시대 도자기의 붐을 일으키게 된다. 이런 점에서 이들 세 사람은 20세기 말 또는 21세기에 일어난 한국 대중문화의 붐, 즉 이른바 한류 현상과 견주어 본다면, 훨씬 어려운 환경 속에서 조선시대 도자기 붐이라는 근대기 최초의 한류 현상을 확산시킨 장본인이라고 할 수 있다. 그리고 이러한 노력의 명확한 결실이 바로 앞의 인용문에서 보는 '조선민족미술관'의 설립이었던 셈이다.

따라서 이 장에서는 아사카와 형제, 야나기 무네요시가 어떠한 과정을 거쳐 조선시대의 도자기와 미술공예의 가치를 확산시키고 이를 세상에 널리 알려 조선시대 도자기의 붐을 가져왔는지를, 2000년대 한류 현상과 비교하면서 주로 야나기 무네요시의 미술관, 전람회 활동을 통해 알아보고자 한다.

2000년대 한류의 등장과 한국 문화

'한류(韓流, Korean Wave)'라는 용어는 2000년대 이후 한국 대중문화의 전 세계적인 유행과 파급을 상징하는 단어로 사용되어 우리에게 매우 익숙한 용어가 되었으며, 우리 문화에 대한 자긍심을 되돌아보는 계기가 되었던 것도 사실이다.

실제 한류라는 말은 1970, 80년대 홍콩영화의 해외 유행과 인기를 가리키는 항류(港流), 일본 대중문화 장르의 해외 유행과 인기를 지칭하는 일류(日流)라는 용어에서 유래하여 사용된 일본식 어투인데, 중국 대중문화의 해외 인기를 가리키는 화류(華流)나 대만 대중문화의 해외 인기를 가리키는 대류(臺流)라는 말도 이러한 문맥에서 사용된다. 한류라는 말은 한국 드라마나 대중음악의 유행을 가리켜 중국과 대만 등에서 일진한류(一陣韓流),

하일한류(夏日韓流) 등의 용어로 지칭되다가, 1999년 가을 한국 문화관광부가 한국 대중음악의 해외 홍보와 확산을 지원하기 위해 〈韓流—Song from Korea〉 음반을 만들어 세계 각국에 전파하고 보급하면서 공식적인 용어로 굳어졌다. 이 과정에서 2000년대에 들어와 일본, 중국, 동남아시아, 대만 등지에서 폭발적으로 증가한 한국 대중문화의 붐 현상을 가리켜 '한류'라는 말이 신문이나 방송을 비롯하여 폭넓게 사용되면서 일반 대중들에게도 친근한 용어로 정착되었다.

특히 그동안 경제 선진국이자 대중문화 콘텐츠 분야에서도 선진적 기술을 가지고 있다고 여겨진 일본에서의 한류 현상은 2000년대에 신선한 충격과 적지 않은 경제적, 문화적, 외교적 파급효과를 낳았다. 즉 외국인이 한국의 대중문화를 경험하고 소비하는 현상을 뛰어넘어 실제 경제적, 정치적, 문화적으로 다양한 영향을 끼쳤다. 예를 들어 일본에서 한류 현상의 열기가 강했을 때 일본인이 호의적으로 생각하는 나라로 우리나라가 미국에 이어 제2위를 차지했고, 한류 현상의 자극으로 인해 수많은 관광객이 한국을 방문하거나 한국 상품에 대한 평판이 높아졌으며, 나아가 한국어 학습자가 비약적으로 증가하고 국가 브랜드 자체가 상승하는 등의 효과가 이에 해당한다. 반대로 한류 현상이 하강기를 맞이했을 때는 위와 반대되는 결과가 눈에 띄게 나타났다.

이제 한류라는 말은 영화, K-POP, 텔레비전 드라마, 각종 문화 콘텐츠 등 대중문화에 한정하지 않고, 한국어, 한국관광, 한국전통문화, 한국 정책이나 상품 등에서도 한국 문화의 우수성을 확인하고 해외에서 이들 문화에 대한 호의적 반응과 유행을 상징하는 용어로 사용되기에 이르렀다. 즉 한류가 한국 대중문화의 유행이나 인기를 지칭하던 경향에서 문화 상품 콘텐츠 전체를 포괄하는 개념으로, 나아가 한류 현상을 접촉한 소비자들이 한국 문화에 동화되고 변용되는 과정, 즉 한국 문화 소비의 총체적 현상으로까지 포괄하는 개념으로 발전되어 왔다.

그런데 이 한류 현상은 한편으로 문화적 내셔널리즘을 자극하는 계기가 되기도 하여, 동아시아에서 이러한 한류 현상을 기피하는 혐한(嫌韓) 현상을 가져오기도 했다. 특히 한류 현상이 일본 내에서 일본의 문화 자긍심을 손상시킨 것으로 인식되면서 혐한 현상은 일본사회에 폭넓게 확산되었다. 혐한 관련 서적이 베스트셀러를 차지하고, 2011년 후지 TV 방송국 앞에서 한류드라마나 K-POP, 한국 연예인 관련 방송을 중단할 것을 요구하는 반한류 데모가 연이어 개최되었으며, 재일동포나 한국인을 혐오하거나 비하하는 혐한 시위인 헤이트 · 스피치 데모로까지 파급되었다. 물론 일본 내 혐한 현상은 급격한 한류 현상에 대한 반작용뿐만 아니라 과거 역사인식과 외교 갈등 등 다양한 요소가 수반된 현상이지만, 자국문화에 대한 자긍심 고취 / 타문화 배격, 또는 문화 콤플렉스라는 문화 내셔널리즘이 작용한 결과라 할 수 있다.

그런데 한류 현상을, 즉 한국 문화의 해외 확산과 붐이라는 현상을 보다 확대시켜 시간적으로 과거로 소급해 간다면 이것은 단지 1990년대나 2000년대 이후 나타난 현상이라고 단정할 수만은 없다. 이러한 관점에서 본다면 매우 제한된 조건이기는 했지만 일제강점기에도 일시적으로 일본 내에서 조선 문화 붐이 일어났던 적이 있었다. 가장 두드러진 분야는 1930, 40년대 조선 문학이었다.

1930년대에 들어서 조선 문학계의 특징적 사건 중 하나는 장혁주와 김사량 등을 비롯한 조선인 작가가 일본의 중앙문단으로 진출한 일이었다. 장

혁주의 「아귀도(餓鬼道)」가 『개조』(1932. 4)에 입선하여 조선인 작가가 본격적으로 일본문단에 진출하는 계기가 되었으며,[1] 김사량의 경우도 『문예수도(文芸首都)』에 「빛 속으로(光の中へ)」를 비롯하여 여러 편의 문학작품을 일본 문예지에 게재했다. 이석훈(李石薰), 홍종우(洪鐘羽), 김달수 등의 작품도 게재되었다.

이러한 조선작가의 일본문단 진출 영향 때문인지, 일본 내 다양한 신문과 잡지에서 조선 문학 특집을 기획하고 조선 문학을 소개하는 평론이나 동시대 작가의 일본어 번역작품을 싣게 된다. 예를 들면 『문학안내(文學案內)』(1937. 2)의 「조선현대작가특집(朝鮮現代作家特輯)」, 『모던일본(モダン日本)』 조선판(1939. 11)의 조선 문학 소개, 『문예(文芸)』(1940. 7)의 「조선 문학 특집(朝鮮文學特輯)」, 『오사카마이니치신문(大阪毎日新聞)』 조선판에서 「반도신인집(半島新人集)」(1934)을 게재하고 「조선작가단편집(朝鮮作家短編集)」(1935)과 「반도여류작가집(半島女流作家集)」(1936) 등을 특집으로 게재한 경우를 들 수 있다. 이러한 현상에 대해 가지이 노보루(梶井陟)는 1940년 전후 이러한 "조선 문학의 상황"을 '조선붐'이나 '조선 문학 붐'이라고 표현하지만, 이는 '만들어진 붐' '허구의 붐'에 지나지 않음을 밝히고 있다(梶井陟 1981). 그렇지만 어쨌든 1930년대에 『문학계(文學界)』 『문학평론(文學評論)』 『신조(新潮)』 『개조(改造)』 등 일본 현지의 주류 문학잡지도 조선 문학 관련 평론이나, 좌담회, 문학작품이 실어 조선 문학을 적극적으로 알리고자 했다.

한편, 조선에서는 1938년 한국어 수업을 공식적인 교과수업에서 배제

1_1932년 10월에는 장혁주의 「쫓긴 사람들(追われし人びと)」이 『개조』의 단편현상소설에 공모하여 제2석을 수상했다.

하고 1939년 '창씨개명'을 강요하며 한국어로 쓰인 신문과 잡지를 폐간하고 조선어학회를 해산하는 등 내선일체 및 황국신민화정책이 정점에 달했다. 이 시기에는 조선인 작가도 한국 내에서 일본어로 창작해야 했으며 문학도 국책에 부응하여 창작해야 한다는 다양한 국민문학론이 쏟아졌다. 이 시기는 조선인 작가가 '일본어 문학'을 대량 창작하는 시기에 해당하는데, 이러한 시대적 움직임과 맞물려 조선인 작가의 작품들이 일본이나 조선에서 일본어로 번역 간행되었다. 예를 들면 신건(申建) 편역 『조선소설대표작집(朝鮮小說代表作集)』(教材社, 東京, 1940), 장혁주, 유진오(兪鎭午), 아키타 우자쿠(秋田雨雀), 무라야마 도모요시(村山知義) 편 『조선문학선집(朝鮮文學選集)』 전3권(赤塚書房, 東京, 1940), 조선문인협회 편 『조선국민문학집(朝鮮國民文學集)』(東京, 1943), 『반도작가단편집(半島作家短編集)』(京城, 1943), 『신반도문학선집(新半島文學選集)』 전2권(京城, 1944) 등을 들 수 있다.

> 나는 지금 조선의 젊은 작가들의 창작물을 모두 읽고 깊이 감격했다. … 많은 사람들은 근대 조선 문학은 일본 문학의 영향 아래에서 완전히 벗어나지 못하고 있다고 말하지만 … 테마의 깊이로부터 말하더라도 스타일의 신선함으로부터 말하더라도 조선 문학은 결코 단순히 일본 문학의 영향하에 있다고 단언할 수 없는 것을 가지고 있다. (秋田雨雀 1940)

이 글은 1940년에 간행된 『조선문학선집』의 서문인데, 이 선집에는 「가을」(유진오), 「메밀꽃 필 무렵」(이효석), 「장산곶」(강경애), 「까마귀」(이태준), 「무명」(이광수), 「김강사와 T교수」(유진오) 등 당시 대표적인 조선작가의 작품이 수록되었다. 이 선집의 서문을 담당한 아키타 우자쿠(秋田

雨雀)는 조선 문학이 일본 문학의 영향에서 벗어나지 못하고 있다는 인식을 부정하고, 리얼리즘이나 유머에 있어서 대륙적인 풍모를 가졌다며 오히려 조선 문학의 우수성을 강조하고 있다. 나아가 그는 향후 조선 문학이 일본 문학에 영향을 끼칠 날이 멀지 않았다는 사실을 예견한다. 일본 내에서 이러한 조선 문학 붐 현상이 제국일본의 문화적 구도 속에서 '만들어진 붐'이라는 지적이 결코 틀린 것은 아니지만, 실제 이 당시 수많은 조선 문학이 다양한 매체를 통해 일본 내에 소개가 이뤄지고 조선작가들과 문학작품에 대해 그 우수성을 지적하는 평가가 적지 않게 이뤄졌다.

한편 일제강점기에는 조선 문학의 일시적인 붐뿐만 아니라 최승희의 무용이라던가 김소운의 『조선시집(朝鮮詩集)』(1943) 등 다양한 방면에서 조선 문화의 붐이 일어났음을 지적하는 연구가 최근 이뤄지고 있다(박진수 편 2013). 이러한 연구는, 제국 일본과 피식민 조선이라는 환경 속에서 제한된 조건이기는 했지만 1930, 40년대에 다양한 층위에서 조선의 문화예술이 일본 본토에까지 그 존재가치를 알리고 그 우수성을 인정받고 확산해 가는 일종의 조선 문화 붐이 있었다는 사실을 보여 준다.

야나기 무네요시와 조선 도자기의 재인식

근대일본은 식민지주의적 관점에 입각하여 조선 전통문화의 독창성을 부정하고 선진화되고 문명화된 일본 문화가 이식되어야 하는 공간으로 조선 문화를 인식했다. 이러한 측면에서 앞의 최승희의 무용이나 조선 문학의 일시적인 붐은 한계가 있기는 했지만, 조선 문화의 존재감을 알렸다는 의미에서 '한류'라는 의미를 부여할 수도 있을 것이다.

그러나 이러한 관점에서 본다면 근대일본이라는 공간 속에서 최초의 한류는 시간적으로 이보다 빠른 시기에 이뤄졌다고 할 수 있는데, 그것이 바로 조선 도자기에 대한 관심의 증가다. 조선 도자기와 조선 미술공예의 우수성과 아름다움을 세상에 널리 알린 사람은 두말할 필요도 없이 아사카와 노리타카와 동생 다쿠미이며 나아가 이 두 형제를 경유하여 이들과 교류한 야나기 무네요시다.

당시 19세기 후반에서 20세기 초까지 서양이나 일본에서 한반도의 도자기는 고려청자를 제외하면 거의 주목을 받지 못했으며, 특히 조선시대는 도자기나 미술공예가 극히 쇠퇴한 시기로 인식되고 있었다. 이러한 인식은 삼국시대나 고려시대 전반기까지 조선 문화의 독창성과 우수성을 인정하지만, 한반도에 주자학이 들어온 이후 조선 문화가 독창성을 잃고 쇠퇴일로를 걸었다는 조선 문화나 예술 전반에 관한 인식과 그다지 큰 차이가 없었다.

1930년대에 경성제국대학 교수이자 도자기 연구자인 오쿠다이라 다케히코(奥平武彦)가 「이조」에서 "이조 도자기의 가치가 소개되어 세상 사람들이 인정하게 된 것은 다이쇼 초두 이후인데 이 공로는 야나기 무네요시, 아사카와 노리타카, 아사카와 다쿠미 이 분들에게 돌아가지 않으면 안 된다"고 지적했듯이(奥平武彦 1937), 조선 도자기는 이들 세 명을 빼고는 생각할 수 없는 일이었다. 이러한 사정을 염두에 두고 '오사카시립동양도자미술관'의 학예원인 정은진(鄭銀珍)은 "다이쇼 말부터 쇼와(昭和) 전기에 걸쳐 일본의 애도가 사이에 조선시대의 도자기, 이른바 '이조' 도자기의 붐이 찾아오게 되었"다고 규명하면서(鄭銀珍 2011), 조선 도자기의 실체와 가치에 대해 올바르게 이해하고 이를 세상에 널리 알린 사람은 아사카와 형제와 야

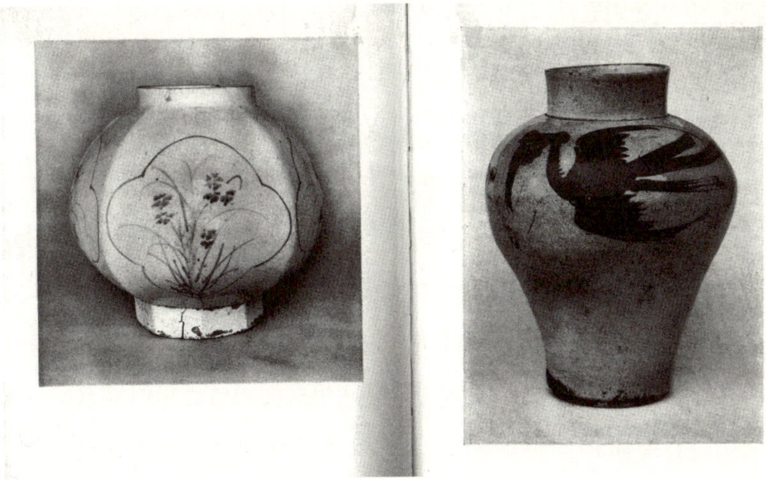

그림 3-1
야나기 무네요시 『조선과 그 예술(朝鮮とその芸術)』(일본민예관, 1972)에 수록된 조선백자 도판

나기 무네요시였음을 강조하고 있다.

아사카와 형제가 조선에서 수행한 조선 도자기 연구를 일본에 처음으로 소개한 것은 야나기 무네요시가 "조선 도자기 특집호"를 기획한 1922년 9월 문예 잡지 『시라카바』 지면을 통해서였다. 아사카와 형제는 야나기 무네요시가 조선 도자기와 미술공예에 관심을 갖게 된 계기를 만들어 주었고 조선 현지의 광범위한 조사와 자료를 통해 조선 미술공예에 관한 다양한 자료와 재료를 제공했다. 야나기 무네요시는 이제부터 설명하겠지만, 아사카와 형제가 발굴하고 조사, 연구한 내용을 세상에 널리 알리는 매개자였으며 기획자였다고 볼 수 있다.

야나기 무네요시는 아사카와 형제와는 근본적으로 다른 배경을 가지고 활동한 인물이었다. 아사카와 형제는 각각 사범학교와 농림학교를 나와 초등학교 교사, 조선총독부 산림과 임업실험장의 기사로서 조선 내에서 활동기반을 두고 있었다. 하지만 야나기 무네요시는 해군소장이자 귀족원 의원이었던 야나기 나라요시(柳楢悅)의 셋째아들로 태어나 명문가 자제들이 주로 다녔던 가쿠슈인(學習院) 고등과를 나와 도쿄제국대학 철학과를 다녔다. 야나기 무네요시는 이 가쿠슈인에서 만난 명문가 자제들이 창간하고 다이쇼기 문예 · 미술 분야에서 상당한 발신력을 가졌던 『시라카바』의 중심 멤버였을 뿐만 아니라, 일본 내에서 상당한 언로를 가지고 있던 인물이다.

야나기 무네요시가 아사카와 형제의 영향과 자극으로 조선 도자기나 문화에 눈을 뜬 것은 흔들릴 수 없는 사실이지만, 이를 다시 일본 주류사회에 광범위하게 발신하여 큰 영향을 미친 것은 야나기 무네요시의 활동 덕분이라 할 수 있다. 야나기 무네요시는 1916년 처음으로 노리타카를 찾아 조선에 건너온 이후 여러 번에 걸쳐 조선을 방문했는데, 이 사이에 조선과 조선 문화, 그리고 조선의 미술공예에 관한 무수한 글을 남겼다. 그중에서 특히 1919년 3 · 1독립운동 당시 조선총독부의 무자비한 진압과정에 대해, 그리고 1920년대 전반기에 경복궁의 광화문 철거를 계획한 조선총독부에 대해 그가 했던 비판은 너무나도 유명하다.

> 우리들과 그 이웃사람 사이에 영원의 평화를 구하려고 하면 우리들의 마음을 사랑으로 깨끗이 하고 동정으로 따뜻하게 만드는 외에 길은 없다. 그러나 일본은 불행하게도 칼을 가하고 욕을 퍼부었다. 이것이 과연 상호의 이해를 낳고 협력을 다하고 결합을 완수하게 할 것인가? 아니 조선의 전 백성이 뼈빠지게 느끼는 바는 한없는 원한이다. 반항이다. 증오이다. 분리이다. 독립이

그들의 이상이 되는 것은 필연적인 결과일 것이다. 그들이 일본을 사랑하지 못하는 것이야말로 자연스러우며 존경할 수 있는 것이야말로 예외적이다. (柳宗悅 1919)

이 글은 3 · 1독립운동이 일어나고 얼마 지나지 않은 시점인 5월 하순에 야나기 무네요시가 일본의 메이저 언론인 『요미우리신문』에 조선 독립운동에 대한 자신의 의견을 피력한 「조선인을 생각한다」이다. 일제의 무단정치에 항거하여 자국의 독립을 희구하며 전국 각지에서 일어난 식민지 조선의 독립운동에 대해 당시 일본 내 언론들은 대개 조선인들을 '폭도'라 부르며 비판했으며, 조선총독부의 무자비한 진압에 대해서도 결코 비판적인 입장을 취하지 않았다. 더구나 이 시기에 일본사회는 이른바 '다이쇼 데모크라시'라고 하는 민주적이고 개방적인 분위기의 정점을 걸었고, 이러한 자유로운 사상을 토로하고 있었던 당시의 지식인들 대부분도 식민지 조선의 외침에 냉담하기 그지없었다. 그러나 야나기 무네요시는 메이저 언론을 통해 3 · 1독립운동을 칼과 폭력으로 억누르고 그동안 조선인에 대해 차별적이었던 일본의 태도에 대해 전면적인 비판을 가했다. 심지어는 조선인들이 독립을 외치는 이유를 정확히 진단하고 그러한 움직임에 동감마저 표하고 있다. 이렇게 일본의 태도를 문제시하여 비판을 가하고 조선인들의 입장을 옹호하고 동정하게 된 동력은, 무엇보다 그가 보았던 조선의 예술에 관한 이해에서 온 것이었으며, 이를 통해 느낀 상호 이해와 사랑의 정신이었다.

광화문이여, 광화문이여, 너의 목숨이 이제 경각에 이르려 하고 있다. 네가 이전에 이 세상에 있었다고 하는 기억이 차가운 망각 속에 덮여 버려지려하고 있다. 어쩌면 좋단 말인가. 나는 당혹스럽구나. 엄청난 정과 무정한 망치가 너의 몸을 조금씩 파괴하기 시작하는 날은 이제 멀지 않았다. 이 일을 생각하여 몹시 걱정하는 사람은 틀림없이 많다. 그렇지만 아무도 너를 구원하는 일은 불가능하다. 불행하게도 구할 수 있는 사람은 너를 슬퍼하고 있는 사람은 아니다.

아직 세상은 모순의 시대다. 문 앞에 서성거리며 올려다 볼 때 아무도 그 위력 있는 아름다움을 부정할 수 있는 자는 없다. 그러나 지금 너를 죽음에서 구하려고 하는 자는 반역죄로 처벌받는다. 너를 숙지하고 있는 자는 발언의 자유를 얻고 싶은 것이다.(柳宗悅 1922)

경복궁 내에 1918년에서 26년에 걸쳐 조선총독부 건물을 세웠는데 그 과정에서 총독부는 경복궁의 정문인 광화문을 철거하여 조선의 왕궁을 크게 훼손시키고자 했다. 그러나 이러한 움직임에 분개한 무네요시는 이 글 「사라지려고 하는 한 조선 건축을 위해」에서 보는 바와 같이 1922년 9월 『개조』에 이를 강력히 항의하는 문장을 게재했다. 이 문장은 영어와 조선어로도 번역되는데 무네요시의 회상에 따르면 이 글로 인해 일본 내에서 위험인물로 각인되어 경찰이 그를 따라다닐 정도였다고 술회한다.

그러나 3 · 1독립운동을 무자비하게 탄압한 식민지 당국자와 조선인을 무시하고 차별해 온 일본에 대한 항의, 그리고 광화문 철거에 대한 반대운동은 일본에 유학 와 있던 조선인들, 그리고 조선 내 지식인들의 지지를 받고 무네요시는 그들과 상당한 교유관계를 맺게 된다.

야나기 무네요시가 진심으로 조선과 조선인을 이해하고, 조선의 문화유적을 지키려는 노력은 1913년 지바현 아비코에서 이뤄진 노리타카와의 만남, 그를 매개로 하여 조선 미술공예와 만났던 사실이 커다란 계기가 되었음은 두말할 필요도 없다. 특히 무네요시는 일본 내 주류사회나 주류 언론에 대해 자신의 의견을 피력할 수 있는 입장이었기 때문에 그가 발신하는 조선 도자기와 미술공예에 대한 평론은 그만큼 영향도가 높았으며 발신의 범주도 넓었다. 야나기 무네요시는 1922년 9월에 『시라카바』에 아사카와 노리타카와 다쿠미의 글을 포함하여 조선 도자기 특집호를 편집하게 된다. 그는 해당 잡지에 어떤 포부와 의도를 가지고 "조선 도자기 특집호"를 구상했는지를 다음과 같이 소상히 밝히고 있다.

> 이 호를 내는 데 여러 가지 포부가 있었다. 첫 번째는 이조의 도자기가 중국 영향 이외에 독보적 가치를 가지지 못한다는 조잡한 개념을 정정하는 데 있다. 두 번째로는 이조는 말기이며 완전히 타락하여 도자기도 거의 볼만한 것이 없다는 무모한 단정을 타파하는 데 있다. 세 번째는 아직 이조 가마터에 관해 이것이라고 할 만한 문헌이 없기 때문에 그 최초로 적절한 시도를 기도하는 데 있다. 네 번째는 조선의 것이라고 하면 고려의 것인지, 또는 이조의 것인지 또는 다인(茶人)들이 좋아하는 다완류라던가 하는 것에 지나지 않고, 이조의 자기로 어떤 것이 있는가라는 점을 일반 사람들이 알지 못하기 때문에 그 최초의 소개를 하려는 데 있다. 다섯 번째로 따라서 삽화를 충분히 넣고 또한 선택에 주의를 하도록 마음에 두었다. 선택은 대개 역사를 머리에 두고 예술적 가치가 가장 많은 것을 주로 넣기로 했다. … 여섯 번째로 이것이 단지 이조의 도자기에 대한 우리들의 존경의 표시일 뿐만 아니라 그 민족에 대한 정애(情愛)의 피력임은 말할 필요가 없다. (柳宗悅 1922b)

그가 이처럼 「편집여록」에서 명확하게 제시하고 있듯이, 무네요시는 조선 도자기가 중국의 아류가 아니라 독보적인 가치를 가지고 있으며, 일본 내에서 거의 최초로 조선 도자기에 관한 학술적 소개를 시도하여 이조 도자기의 존재 가치를 분명히 하고 나아가서는 조선 문화와 조선인에 대한 존경과 애정을 표하려는 데 있었다. 이 당시만 하더라도 무네요시가 지적하듯이 '도자기 전문가'인 오쿠다 세이이치(奧田誠一) 등이 여전히 조선의 도자기 작품에 대해 그다지 높은 가치를 인정하지 않고 악평을 거듭하는 상황이었는데 무네요시는 이런 잘못된 인식을 극복하기 위해 이 특집호를 마련했던 것이다. 이 『시라카바』의 특집호로 인해 조선의 도자기는 일본 내에서 공식적이고 학술적인 가치부여가 가능해졌고 많은 이들에게 조선 도자기의 미적 가치를 널리 알리는 계기가 되었음은 두말할 나위가 없다.

그런데 무네요시가 조선의 미술공예를 소개한 것은 1922년 9월 "조선 도자기 특집호"가 최초는 아니었다. 1910년에 창간된 『시라카바』는 원래 문예뿐만 아니라 서양미술을 왕성하게 소개하거나 비평하고 있었던 문예잡지였다. 그런데 야나기 무네요시가 조선을 경험하고 조선 미술공예와 만나면서 이를 계기로 하여 동양미술에 대한 관심이 증가함에 따라 이러한 내용을 적극적으로 이 잡지에 반영하게 되었고, 그 결과로서 『시라카바』가 처음으로 동양의 그림을 삽화로 선택하게 된 것은 1919년 7월호였다. 1920년 2월호에서는 그 두 번째 기획으로 무네요시가 조선의 미륵상을 『시라카바』의 삽화로 추천하여 게재하게 된다. 야나기 무네요시는 「이번 달의 삽화에 대해」라는 글에서 "이들의 작품은 실로 조선의 명예를 말하는 영원한 걸작이라고 생각한다. 어느 비평가는 중국의 예술과 대비하여 조선 예술의 독립을 의심하는 것 같지만 그러나 이것은 미에 대한 통찰이 없는 비평이다"(柳宗悅 1920a)라고 지적하면서 조선 도자기나 조선 예술에 대한 독창성과 그 미적 가치를 강하게 어필하고 있다.

물론 1970, 80년대 한국 학계에서는 무네요시가 조선 예술의 특징으로 제시한 '비애의 미'와 '선(線)의 미'에 대해 강한 비판이 제기된 바 있다. 무네요시가 조선의 예술에 "언제나 슬픔의 아름다움이 있다. 눈물로 넘치는 외로움이 있다. 나는 그것을 바라볼 때 가슴에 목메어 오는 감정을 억누르기 어렵다. 이렇게까지 비애의 미가 어디에 있을까"(柳宗悅 1920b)라고 '비애의 미'를 조선 문화의 가장 큰 특징으로 보았는데, 이에 대해 재일코리안 소설가 김달수, 시인 최하림, 이만열 등이 '비애의 미'라는 무네요시의 견해를 당시 식민사관의 연장선상에서 파악한 주장이자 조선 문화가 약동과 저항, 그리고 활력성을 보지 못한 결과라고 강하게 비판했던 것이다.

그러나 재일 사학자 이진희는, 무네요시의 이러한 견해가 1920년대 전반의 특징에 지나지 않고 오히려 1930년대가 되면 민예론의 전개와 더불어 조선 문화를 건강하게 파악하고 있다고 의견을 피력했으며, 이처럼 차츰 균형 있게 무네요시를 바라보려는 의견이 주류를 차지하게 되었다.

어떠한 견해로 그를 바라보든 간에, 야나기 무네요시가 『조선과 그 예술(朝鮮とその藝術)』(叢文閣, 1922), 『조선의 미술(朝鮮の美術)』(私家版, 1922), 『지금도 계속되는 조선의 공예(今も續く朝鮮の工藝)』(日本民藝協會編, 1930) 등 다년간에 걸쳐 수많은 조선공예나 미술 관련 평론을 쓰면서 조선의 전통문화와 유적 보전에 큰 관심을 가졌던 것은 사실이다. 나아가 뒤에서 자세히 살펴볼 '조선민족미술관'이나 '일본민예관' 설립을 통해 조선 공예미술을 널리 알리고 이를 보전하려 했던 그의 노력과 공로는 결코 낮게 평가할 수 없다.

일본 내에서도 고려청자에 대한 높은 평가와 수집 움직임이 있었지만, 조선시대에는 문화나 제도, 예술 모두가 중국에 예속되어 독창적인 것이 없었다는 인식에 따라 조선시대 도자기의 가치는 평가받지 못했다. 그러나 노리타카가 경성의 잡화점에서 조선백자를 우연히 발견한 이후, 그리고 조선백자를 가지고 일본에 찾아가 1913년 무네요시에게 이를 소개한 이후, 그동안 그 예술적 가치를 전혀 인정받지 못하던 조선백자는 이들 세 사람의 발굴조사와 연구, 그리고 그것을 세상 사람들에게 널리 알리려는 노력에 의해 1920년대 이후 일종의 조선 도자기 붐을 형성하게 된다.

노리타카가 조선백자 선물을 가지고 로댕의 조각을 보기 위해 무네요시를 방문한 이후, 1916년 무네요시가 조선을 방문하면서 조선 도자기와 미술공예를 매개로 노리타카, 다쿠미, 무네요시는 예술적 동반자 관계를 맺는다. 그리고 아사카와 형제와 무네요시가 조선 도자기의 진정한 가치를 세상에 널리 알리고 조선 문화를 제대로 보전하기 위해 기울인 노력은 '조선민족미술관' 설립으로 실현을 맺게 된다. 이 미술관이 개설되는 데 당시 조선총독부는 '民族'이라는 두 글자에 반감을 가지고 이를 뺄 것을 요구했고 그럴 경우 미술관 설립에 필요한 지원금을 주겠다고 회유했다. 그러나 이들에게 있어서 조선민족의 미술공예를 전시하는 미술관을 개관하는 데 '民族'이라는 글자를 빼는 것은 상상할 수 없는 일이었다(浜口良光 1961).

1920년 5월에 조선을 방문한 무네요시는 아사카와 형제와 도요지를 방문하는 등 조선 도자기를 둘러싸고 더욱 다양하게 교류하면서 조선민속미술관 설립을 계획했다. 그래서 그해 지바현 아비코를 찾아온 다쿠미와 더

「朝鮮民族美術館」の設立に就て

読者のうち私の家を訪ねられた方は、その殆どの室にも朝鮮の作品を見出された事と思う。私は此五年の間、日々をそれ等のものと共に暮した。屡々仕事に労れる時、私はその美しさや優しさに心を忘れる事が出来た。私が室に入る時、それ等のものも私を心待ちする様に見えた。かくして私達は晨にも夕にも親しい心の友となった。読者はあの黙する器や布に心が無いと云うだろうか。そうではない。そこには民族の心の脈搏や血の温味が今尚残っている。特に親しさや情をこめた彼等の作品は、見る者の心に厚く交ってくる。いつも私は静なそれ等の友と、心おきなく話する事が出来た。流れる様な線や淋しい模様に、私は屡々その自然や人情を読む事が出来た。いつもそれ等のものは私に美を贈り、私は心を贈った。かくして私がその姿に心を強く引かれる時、私はそれ等の作品を通してその民族が何を求め何を訴えているかを、親しく聞く事が出来た。私は屡々涙ぐみ、思わずもそれ等のものを私の手に抱き上げた。

一国の人情を解そうとするなら、その芸術を訪ねるのが最もいいと私は常に考えている。日鮮の関係が迫ってきた今日、私はこの事を更に意識せざるを得ないでいる。あの想いに沈む美しい弥勒の像や、あの淋しげな線に流れている高麗の磁器を見る者は、どうしてその民族に冷かでいられよう。若しよくその芸術が理解せられたら、日本はいつも温い朝鮮の友となる事が出来るであろう。芸術はいつも国境を越え、心の差別を超える。私は私の所有する作品を凡ての人々の所有にしたい。美に心が没する時、争いの情がどこにあろう。私は今朝鮮の芸術を、もっと人々に近づけねばならぬ任務を感じている。私は日本の感情が、芸術に対しては、特に敏鋭であるのを知りぬいている。私は朝鮮の民族のあの優れた作品が、私達の心に深く交る日の来る事を少しも疑わない。そうしてその作者としての民族が、吾々の心の友となる事をも疑わない。私はこの希望と信念とを果す為に、「朝鮮民族美術館」の設立を遂に計画した。

私は先ずここに民族芸術 Folk Art としての朝鮮の味

91 「朝鮮民族美術館」の設立に就て

그림 3-2

「조선민족미술관의 설립에 대해서」의 일본어원문(『조선을 생각한다(朝鮮を想う)』(筑摩書房, 1984)

불어 미술관 설립 계획을 구체화한 후, 다음 달인 1921년 1월 무네요시가 미술관의 설립 준비를 위해 재차 조선을 방문하여 총독부와 협상하여 경복궁의 관풍루(觀豊樓)를 제공받았다. 그렇지만 이 관풍루라는 건물은 공간이 너무나 협소하여 겨우 사무실과 미술공예품의 수장고로 사용하는 데 그쳤다.

한편 1921년 5월에는 다이쇼 시대 화랑이었던 간다(神田)의 류이쓰소(流逸莊)에서 조선민족미술관 주최로 〈조선민족미술전람회〉를 개최했다. 이 전람회의 목적은 조선민족미술관 설립을 널리 알리고 나아가 그 설립을 위한 기금을 마련하는 데 있었다. 여기에 전시된 미술품은 조선 그림과 자수, 공예품도 있었지만 대부분은 조선시대의 백자였다. 무네요시는 계속하여 시라카바파 교육의 구현자이자 이 당시 경성에서 교편을 잡고 있던 아카하네 가즈오(赤羽一雄)와 더불어 조선의 미술공예품을 구입하는 한편, 11월에는 경성일보사에서 〈서양회화전람회〉를 조선민족미술관 이름으로 개최했다. 그리고 1922년 10월에는 조선귀족회관에서 역시 조선민족미술관 주최로 〈이조도자기전람회〉를 개최하는데 이 준비를 위해 노리타카와 다쿠미 형제는 동분서주했다.

그렇게 백방으로 노력하던 차에 1924년 3월 조선총독부로부터 경복궁 내 집경당(緝敬堂) 사용을 허가받고, 드디어 1924년 4월 9일 조선민족미술관을 개관했다. 이 미술관은 집경당이 전시실에 해당하고 위화당(威和堂)을 사무실로 사용했는데 봄과 가을에 연 2회의 전람회 개최를 목적으로 했다.

> 나는 우선 이곳에 민족예술(Folk Art)로서의 조선의 정취가 스며 나온 작품을 수집하려고 생각한다. 어떠한 의미에서도 나는 이 미술관에서 사람들에게 조선의 미를 전하고 싶다. 그래서 그곳에 나타나는 민족의 인정을 눈앞에

불러일으키고 싶다. 그뿐만 아니라 나는 이것이 사라지려고 하는 민족예술의, 사라지지 않는 지속과 새로운 부활의 동인이 되기를 희망한다. … 나는 여러 가지 생각한 끝에 그 미술관을, 도쿄가 아니라 경성이라는 땅에 세우려고 생각한다. 특히 그 민족과 그 자연에 밀접한 관계를 가지는 조선작품은 영원히 조선 사람들 사이에 두지 않으면 안 된다고 생각한다. 그 땅에 태어난 것은 그 땅으로 돌아가는 것이 자연스러울 것이다. (柳宗悅 1921)

이 인용문은 야나기 무네요시가 아사카와 형제와 함께 조선민족미술관을 세우겠다고 의기투합한 직후인 1921년 1월 『시라카바』에 게재한 「'조선민족미술관'의 설립에 대해」이다. 그는 이 글에서 조선민족의 우수한 작품이 세상 사람들과 가까워지고 그 조선의 미를 널리 전하고 알리기 위해, 그리고 이 조선의 미술공예가 사라지지 않고 잘 보전하기 위해, 나아가 이러한 예술을 통해 일본과 조선이 마음의 차별을 뛰어넘어 충분히 상호 이해하기를 바라는 마음에서 조선민족미술관을 개설하겠다는 뜻을 분명히 밝히고 있다. 이 미술관을 도쿄에 개관할 수도 있었겠지만 조선의 미술공예가 조선이라는 토지와 민족, 자연과 밀접한 관계를 가지고 있는 것이기 때문에 조선의 미술공예품을 조선의 토지와 조선인들 사이에 두어야 한다는 생각에서, 그가 얼마나 조선 문화를 민족이라는 개념과 연관 지어 사고했는지를 알 수 있다.

한편, 야나기 무네요시는 이 미술관 설립을 위해 아사카와 형제와 도쿄와 경성에서 다양한 전람회를 기획하여 개최했을 뿐만 아니라, 『시라카바』 동인과 독자로부터 기부금을 모집했으며 이를 제대로 알리고 보고하기 위해 『시라카바』에 여러 번에 걸쳐 미술관 설립 관련 글과 진행 상황을 게재했다. 또한, 무네요시는 성악가인 그의 부인 가네코와 더불어 조선에서 강연회와 음악회를 열어 그 수입을 미술관 건립에 기부했는데, 이때 백남훈, 장덕수, 조만식, 백관수 등 조선인들도 다수 참여했다.

이 조선민족미술관은 전시회를 하지 않는 기간에는 다쿠미가 출입문 열쇠를 가지고 있어서 방문객을 맞았으나 1931년 다쿠미가 갑자기 이 세상을 떠나고 나서는 조선이 해방될 때까지 형 노리타카가 미술관 관리를 담당했다. 해방이 되었을 때 조선민족미술관의 미술공예품은 3,000점이 넘었다고 하는데 노리타카는 1946년 11월까지 일본에 돌아가지 않고 이들 소장품은 민속학자인 송석하(宋錫夏)가 설립한 국립민족박물관으로 무사히 이관했다.

한편, 야나기 무네요시는 조선민족미술관에 소장된 조선의 백자, 미술공예 속에서 발견한 일상 잡화 속의 미(美) 개념을 더욱 다지게 된다. 그 직접적인 계기가 된 것은 1923년 간토대지진 이후 교토(京都)로 거주지를 옮기고 나서 서민의 민간신앙과 밀접한 연관이 있었던 목식불(木喰仏)과의 만남이었다. 그래서 그는 1925년부터 서민, 민중의 삶 속에서 생겨난 미의 세계에 착목하여 1925년부터 민예(民藝)라는 용어를 사용하고 1926년 도예가인 도미모토 겐키치(富本憲吉), 하마다 쇼지(濱田庄司), 가와이 간지로(河井寛次郎)와 더불어 4명이 연명으로 「일본민예미술관 설립 취의서(日本民藝美術館設立趣意書)」를 발표한다. 그러는 차에 1931년 미술공예잡지인 『공예(工藝)』를 창간하여 민예운동의 기관지로 삼았으며, 1934년에는 이러한 민예운동을 담아낼 모체로서 일본민예협회(日本民藝協會)를 설립했다. 그리하여 드디어 1936년에 도쿄 고마바(駒場)라는 지역에 '일본민예관'을 개관하기에 이른다.

그런데 미즈오 히로시(水尾比呂志)의 『평전 야나기 무네요시』에 이 일

그림 3-3
도쿄 고마바에 있는 일본민예관의 외부 전경

본민예관이 조선민족미술관을 모든 의미에서 원형으로 삼았다는 평가가 있듯이(水尾比呂志 1992), 조선민족미술관과 일본민예관은 서민과 민중의 일상생활 속에 탄생된 미술공예와 관련된 작품들을 주로 소장했다. 특히 일본민예관에는 개관 당시부터 현재에 이르기까지 조선 도자기를 비롯한 조선민예관이 별도로 있어서 조선시대 도자기의 예술적 가치를 세상에 널리 알리려 했다.

이와 같이 아사카와 형제와 야나기 무네요시는 조선의 미술공예 중 종래의 고려청자 이외에는 전혀 평가를 받지 못했던 조선의 미술공예, 특히 한반도의 미술공예뿐만 아니라 모든 문화예술 영역에서 불모의 시기, 퇴보의 시기라고 여겨졌던 조선시대의 백자 도자기를 비롯하여 조선의 미술공예의 가치를 재발견했다. 그리고 조선시대의 미술공예의 예술적 가치를 학술적으로 논리화하고, 그 가치를 널리 알려 1920년대 이후 조선시대 도자기의 일대 붐을 일으켰다는 점에서, 이를 근대기 이후 최초의 한류 붐이라 일컬을 수 있을 것이다. 만약에 이러한 설명이 틀린 것이 아니라고 한다면, 조선 도자기라는 한류 현상은 20세기 말이나 21세기 초의 한류에 비해 훨씬 가치가 있고 중요한 의의를 가진 일대 사건이라 할 수 있다. 왜냐하면 이 시기가 조선 문화가 전반적으로 부정되고 열등시되던 때였음에도 불구하고 오히려 조선 미술공예의 예술적, 학술적 가치를 발견하여 이를 세상에 제시하고 그 가치를 인정받았기 때문이다.

참고문헌

고정민, 「한류 현상을 접근하는 연구영역에 관한 연구」, 가톨릭대학교 한류지식센터 · 문화비즈니스연구소, 『한류비즈니스연구』 vol.1, 2014.

김정우 외, 『한류 3.0의 확산과 궁중문화』, 황금알, 2016.

박진수 편, 『근대 일본의 조선 붐』, 역락, 2013.

정병호, 「한반도 식민지 <일본어 문학>의 연구와 과제」, 『일본학보』 85집, 한국일본학회, 2010.

秋田雨雀, 「序文」, 『朝鮮文學選集』, 赤塚書房, 1940.

奥平武彦, 「李朝」, 『陶器講座』, 雄山閣, 1937.

梶井陟, 「現代朝鮮文學への日本人の對応(2)—「朝鮮」特輯と文學(1910-1945)」, 富山大學人文學部, 『富山大學人文學部紀要』 第5号, 1981.

鄭銀珍, 「朝鮮陶磁と淺川」, 『淺川のりたか·巧兄弟の心と眼—朝鮮時代の美」, 美術館連絡協議會, 2011.

浜口良光, 「朝鮮の庶民料理—柳先生を偲んで」, 『民芸』, 1961. 12.

水尾比呂志, 『評伝 柳宗悅』, 筑摩書房, 1992.

柳宗悅, 「朝鮮人を想う」, 『讀賣新聞』, 1919. 5. 20-24.

柳宗悅, 「今月の挿繪に就て」, 『白樺』, 1920a. 2.

柳宗悅, 「朝鮮の友に贈る書」, 1920b.

柳宗悅, 「「朝鮮民族美術館」の設立に就て」, 『白樺』, 1921. 1.

柳宗悅, 「失われんとする一朝鮮建築の爲に」, 『改造』, 1922a. 9.

柳宗悅, 「編輯余錄」, 『白樺』, 1922b. 9.

4장
도자기에서 조선의 미를 발견하다

무심하게 빛나는 불빛 아래로 두 개의 이조백자 단지가 죄 없는 큰 입을 떡 벌리고 있다. 꽤나 우스워 보이는 모습이다. 나는 다시 봄 바다에 있는 복어를 떠올렸다. 그리고 '역시 단지는 재미있어'라고 생각했다. 개성이 그대로 살아 있는 점이 재미있다. 잔 세공이 없는 점이 재미있다. 불룩이 배를 내밀고 아무 사심도 품고 있지 않은 점이 재미있다. 고요 속의 고요, 허무 그 자체이면서 '영원'의 밑바닥에 있는 외로움과 강인함이 있다. 이 영원함, 강인함은 '바보'의 영원함이며 강인함이다. (難波專太郎 1928)

한국의 도자기, 특히 조선시대의 백자 단지는 조선 고유의 전통문화를 가장 잘 재현하는 물상으로 지금도 세계적으로 널리 통용된다. 그것은 조선의 미를 널리 천명한 민예운동가 야나기 무네요시와 지금도 조선 도자기에 관한 기본서로 여겨지는 『조선도자명고(朝鮮陶磁名考)』(1929)를 쓴 아사카와 다쿠미의 활동에 힘입은 바 크다. 물론 이들의 이러한 활약의 이면에는

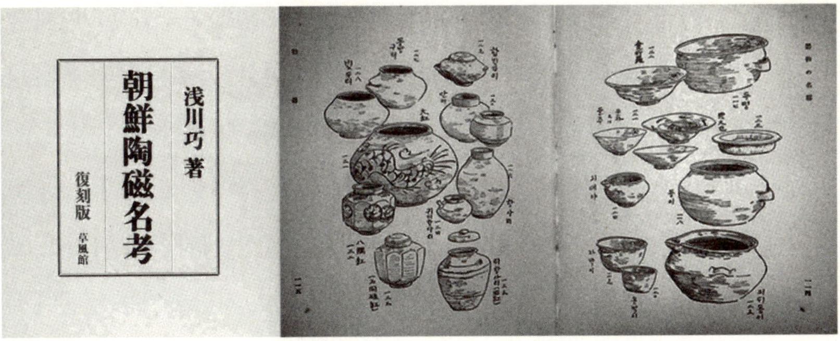

그림 4-1
『조선도자명고』 복각판 표지와 내부 그림

노리타카가 그 동기를 제공했다고 할 수 있다.

노리타카는 한반도의 도자기와 가마터를 평생 조사하고 연구해 '조선 도자기의 신'으로까지 일컬어졌으며(倉橋藤次郎 1934), 사후 그의 업적을 기리는 평가도 많아졌다(小山富士夫 1965). 하지만 지금까지 한반도에서의 생활이 길었던 노리타카보다는 일본 민예의 아버지 격인 야나기 무네요시라는 걸출한 인물이나, 조선의 흙이 되어 망우리에 묻힌 일본인으로 알려지며 짧은 생애에 대한 아쉬움에서 동생 아사카와 다쿠미에 초점이 맞추어진 경향이 강했다.

그러나 세 사람의 만남과 활동의 핵심 연결고리가 된 인물은 바로 노리타카였다. 그는 조선의 도자기나 가마터, 공예품과 고적(古跡) 등을 수십 년 동안 수집, 조사하며 직접 다녔고, 『부산 가마와 다이슈 가마(釜山窯と對州窯)』(1930), 『조선의 도기(李朝の陶磁)』(1956), 『도기전집 17 조선시대 백자 · 청화 · 철화(陶器全集 17 李朝 白磁 · 染付 · 鐵砂)』(1960) 등 조선 도자기와 가마터에 관해서는 필독서라 할 만한 저서들을 남겼다.

지금까지 알려진 노리타카의 활동 분야는 도자기 연구와 실제 제작, 가마터 조사 등 한반도의 도자기 관련 고적 방문, 회화 및 조각 등과 관련한 미술 방면이다. 노리타카가 조선 도자기와 가마터 관련으로 쌓은 치적은 실상 대단한 것이어서 지금도 그의 조사 연구보다 더 상세한 근대의 조선 도자기에 관한 성과는 없다고 해도 과언이 아니다. 또한 백자만이 아니라 조선 문화 전반에 대한 조예가 상당했음에도 불구하고, 지금까지는 일본에서 간행된 전문 잡지 『공예(工芸)』나 『민예(民芸)』에 노리타카가 기고한 글, 그리고 그의 가족과 지인들에 의한 담화 및 추도문 등이 일본어 그대로 자료집으로 간행되어 일본에서만 소수의 사람들에게 알려진 정도다. 그들의 고향 마을인 야마나시현(山梨縣) 호쿠토시(北杜市)에 있는 '아사카와 노리타카 · 다쿠미 형제 자료관(淺川伯教 · 巧兄弟資料館)'에서는 이들 형제에 관련된 자료를 모아 자료집을 만들고 한일 친선 관련의 상징인물로서 여러 행사를 개최하고 있는데, 아직 노리타카가 한반도에서 한 모든 활동에 관한 자료를 다 수합하지는 못한 상태다.

이번 장에서는 노리타카가 조선 미술, 혹은 예술의 성립에 크게 관여했다는 사실에 초점을 맞추어 보기로 한다. 1920년대 노리타카가 조선 도자기에 가졌던 관심과 조선 미 개념을 정립한 업적을 잘 보여 주는 자료가 있다. '조선 예술 잡지'라는 기치를 내걸고 경성에서 1926년 발행된 『아침(朝)』이 그것인데, 여기서는 이 잡지와 백자, 노리타카의 관련성을 소개하고자 한다. 노리타카를 포함해 『아침』에 참여한 재조일본인들에게서 조선의 도자기에서 발견한 '조선의 미'가 어떻게 묘사되고 개념화되었는지를 따라가 보는 중요한 과정이 될 것이다. 다시 말해 이 과정에서 노리타카를 비롯한 예술에 종사한 일군의 재조일본인들의 조선 문화관, '조선색'의 상징으로서

그림 4-2
아사카와 노리타카 · 다쿠미 형제 자료관 외부(좌)와 내부(우) 〈사진 제공: 淺川伯教巧兄弟資料館〉

백자가 부상한 시대적 맥락이나 현상을 엿볼 수 있다. 자연히 이 과정에서 당시 활발히 논해진 '조선색'이란 과연 어떠한 것이었는지, 어떻게 드러났는지—혹은 드러냈는지—, 아사카와 노리타카가 '조선 예술'의 형성에 어떻게 기여했는지에 접근해 볼 수 있을 것이다.

근대 조선 예술의 범위

'조선 예술'은 식민지기에 만들어진 개념으로, 일본 용어로서의 '예술(藝術)'이라는 말을 그대로 음독하여 사용한 것이다. '예술'은 일본에서 메이지시대였던 19세기 후반에 계몽사상가로 유명한 니시 아마네(西周)가 서구의 'liberal art' 개념의 번역어로 처음 사용했다. 식민지기를 거친 한반도의 경우 조선의 예술품들이 얼마나 오래전부터 전해 내려온 실존물인가와는 별도의 차원에서 근대에 창출된 개념이 분명하다고 하겠다. 한반도에서 '조선 예술'을 표제어로 삼은 첫 문헌은 1910년과 1911년 총독부가 펴낸 『조선 예술의 연구(朝鮮芸術之研究)』와 그 후속책인 『조선 예술의 연구 속편(續編)』 두 권인데, 공학박사 세키노 다다시가 주도한 앞의 책은 물론이고 "문예학술 및 미술의 연구에 이바지할" 것을 목적으로 한 속편도 모두 조선의 건축과 유적에 관한 조사보고서다. 1910년대에는 한반도 전역의 고도(古都)에 남아 있는 고건축물과 능묘 같은 유적이 조선 예술의 범위였음을 알 수 있다.

한국에서 우리 문화예술에 대한 관심이 본격적으로 증폭한 것은 1920년대로, 그 이전에는 조선의 고건축물이나 총독부가 실시한 조선의 보물이나 고적에 대한 조사로 '문화재' 개념이 성립된 정도라고 할 수 있으며, 예술은 문화, 민족 등과 더불어 복합적인 의미로 형성되었다(정수진 2005). 1921년 6월 3일자 『동아일보』의 「예술과 민족성」이라는 기사에는 예술이 민족생활의 결정체이며 민족의 정신과 이상의 토대라고 하며 그 범주로서 조각과 건축, 그림, 공예품, 음악이 거론되었다.

따라서 1920년대의 '조선 예술'이 무엇을 가리키고 의미하는지를 생각할 때, '조선 예술 잡지'를 표방하며 경성에서 창간된 『아침(朝)』이라는 일본어 미디어의 중요성이 얼마나 큰지 알 수 있다. 왜냐하면 이 잡지는 20세기 전반기에 한반도에서 이뤄진 문학과 회화의 상호관계, 예술의 범주, 그리고 '조선 예술'에 대한 당시의 인식 등을 보여 주는 매우 주요한 단서이기 때문이다. 그러나 1920년대 조선 예술을 논하는 데 있어서 너무도 중요한 의미를 가지는 『아침』은 경성에서 발행된 일본어 문헌이었던 탓에 지금까

그림 4-3
조선 예술 잡지 『아침』의 앞표지(좌)와 뒷표지(우)의 노리타카 그림

지 한국과 일본 어디에서도 본격적으로 소개한 사례가 거의 없고, 국립중앙 도서관 홈페이지에 다음과 같은 간단한 해제가 올라와 있을 뿐이다.

> 조선 예술 잡지를 표방한 잡지로 창간호인 제1권 제1호와 제2호 합본이다. 창간호 및 제2호의 본문 중 자료의 손상이 있어 해독에 어려운 부분이 있다. 다이쇼(大正) 15년(1926) 5월 1일에 발행되었으며, 편집 겸 발행인은 타다(多田穀三)로 창간호는 60전, 제2호는 1원에 판매되었다. 조선 예술 잡지 『조(朝)』는 '조선의 예술이 가지는 아름다움을 바탕으로 해서 동양예술, 나아가 서양예술을 받아들여 아름다움의 정수를 섭취해 미래의 예술을 건설하는 데 기여하는' 것을 목표로 창간되었다. 종합 예술 잡지를 표방한 잡지로는 최초의 잡지이며, 노자(陶瓷), 건축(建築), 회화(繪畫), 조각(彫刻), 가요(歌謠), 음악

(音樂) 등을 주 대상으로 하고 있다. 이 잡지를 발간한 조선 예술사의 규칙을 보면 '잡지 『조』의 월 1회 발간 및 단행본의 출판, 미술 전람회, 문예 강연회, 음악 연주회 개최' 등이 주요 사업 내용이다. 각 예술 부문의 담당자로 음악부에 오오바 유노스케(大場勇之助), 미술부에 타다(多田毅三), 문예부에는 우치노 겐지(內野健兒)가 활동하고 있었다. 창간호에서 도자기, 회화(繪畫), 건축(建築), 미술(美術), 풍속화(風俗畵), 시(詩), 노래, 수필(隨筆), 사진(寫眞)과 도록(都錄) 등을 다루고 있는데, 저자는 모두 일본인으로 구성되어 있다. 조선미술전람회(이하 선전) 특별호로 구성된 제2호는 6월 25일에 발행되었는데, 특별호의 대상인 선전이 5월 15일에 개막되었기 때문에 부득이하게 지연되어 발간되었다. 특히 선전(鮮展)에 출품된 작품의 도판, 선전의 경과와 내용에 대한 설명, 출품된 양화(洋畵)와 서도(書道), 동서양화 등에 대한 평, 입선작품 및 작자 일람, 선전 총평 등을 싣고 있어 당시 진행된 선전의 전모를 파악할 수 있다는 점에서 큰 의미를 지닌다. 그리고 서지사항 부분에 잡지에 싣는 광고 요금에 대해 선전하고 있는데, 특별한 경우 1페이지 광고는 50원, 반 페이지는 30원, 일반은 1페이지에 20원, 반 페이지에 12원으로 되어있다. 창간호를 발간하고 난 후 각 방면으로부터 큰 반향을 이루었다고 자평하고 있으며, 목적 달성을 위해 매진하겠다는 다짐을 표하고 있는데, 제2호 이후의 발간에 대해서는 확인되지 않는다.

— 강태구, 국립중앙도서관 홈페이지 http://www.nl.go.kr.

이 해제에서도 『아침』이 큰 의미를 지닌다고 보고 서지와 목차 등의 정보를 소개하고는 있지만, 이후 이 잡지의 내용이나 관련 인물에 대한 후속 연구는 보이지 않는다. 그럼에도 불구하고 이 잡지에 주목해야 하는 이유는, 당시 조선 예술의 범주와 유력 재조일본인들의 조선 예술관을 알 수 있다는 점과 노리타카가 이 잡지에 상당히 관여하고 있다는 점 때문이다. 노리타카는 일제강점기 한반도에서 시각적 리터러시와 언어적 리터러시를 모두 구현한 인물이었다. 이러한 사항들을 종합하여 생각할 때, 아사카와 노리타카는 당시 '조선 예술'을 어떻게 규정하고 어떻게 논했는지를 규명하는 데에 있어서도 가장 중요한 인물이었다고 할 수 있다.

우선 『아침』을 중심으로 노리타카의 조선 예술관에 관해 살펴보기로 한다. 특히 조선시대 백자와 가마터 연구에 평생 종사한 노리타카가 이 잡지에 조선의 미와 관련한 그림과 글을 다수 남겼기 때문에 그의 글과 그림을 동시에 비교해 볼 수 있다. 노리타카가 1922년 일본에서 간행되던 잡지 『시라카바』와 『조선』에 조선 도자기의 역사와 그 가치를 소개한 이래, 조선 도자기가 가진 미감을 본격적으로 다루고 있는 초창기 그의 조선 문화관이 이 잡지에서 개진되었다.

먼저 이 잡지의 개요를 정리해 보면 『아침』은 다다 기조(多田毅三)를 편집 겸 발행자로 하여 경성일보사(京城日報社)에서 인쇄하고 조선예술사(朝鮮藝術社)가 발행했다. 현존본은 1926년 5월 창간호, 6월 조선미술전 특집호 두 호만 확인된다. 목차에 근거하여 잡지의 구성을 보면 논설, 시, 단카, 잡필, 사진과 회화 등의 코너로 이뤄져 있다. 순서와 배치에서 차이는 보이지만 이것이 두 호에 공통되는 구성이며, 6월호는 조선미술전 특집호인 만큼 「선전기(鮮展記)」라는 항목에 아홉 꼭지의 글과 조선미술전의 입상작품들이 사진판으로 수록되어 있어 1920년대 중반 문학과 미술이 어우러진 예술 잡지로서의 면모를 잘 보여 준다.

창간사는 따로 없으나 잡지의 간행 취지를 잘 담아낸 것이 잡지 말미

의 「아침의 창에서(朝の窓から)」라는 코너다. 『아침』의 간행 목적이나 배경에 관한 내용이 담겨 있으므로 여기 그 일부를 옮겨 보기로 한다.

> 우리 조선에 있어서 예술은 너무 등한시되고 있다. 그러나 여기에 과거 화려한 예술이 존재하지 않았던 것은 아니다. 또 미래의 것을 창조해 가는 잠재력이 상실된 것도 아니다. 과거의 도기(陶器), 건축, 회화, 조각, 가요, 음악. 조선이 아니고서는 얻을 수 없는 많은 것들이 있다. 우리는 그러한 것들에 토구(討究)의 손을 뻗고 감상의 눈을 향하게 하여 조선이 가진 미(美)를 맛보고 이해해야 한다. 그리고 이 미의 대지에서 동양의 예술을 꽃피워야 하지 않겠는가? …
>
> 위에서 말한 입각지 위에 우리는 할 수 있을 만큼의 예술운동을 수행해 간다. 전람회, 강연회, 연주회, 그리고 이 잡지의 간행도 또한 각종 사업 중 하나다. 따라서 이 잡지는 어디까지나 조선을 기조로 하여 과거의 예술 토구(討究)와 미래의 예술 건설을 주안으로 하지만, 또한 널리 동양 및 서양 예술의 연구 소개도 해나갈 작정이다. 요는 조선의 미(味)를 기조로 하는 점이다.
>
> 어쨌든 이러한 종합예술 잡지는 조선 미증유의 일이며 각종 어려움을 면할 수 없다. 이 잡지의 기사, 사진판 등에 관해 꽤 고심하면서도 여전히 여의치 않은 점도 있는데 이러한 것들은 차차 개선해 나가고자 한다. 하여튼 어려운 사업이 될 것은 각오했다. 우리는 비장한 각오를 가지고 이 사업을 계속할 것이다. 기원하건대 다행히 많은 인사들이 후지와 원조를 아끼지 않기를. (編輯子 1926)

이렇게 살펴보면 우선 이 잡지의 창간 목적은, 한반도에서 예술 자체가 등한시되고 있다는 문제의식으로부터 출발해서 여러 예술작품을 통해 '조선의 미'를 감상하고 이해하는 데 있다. 심지어 조선의 예술을 동양의 예술을 꽃피우는 토양이라고까지 표현하는 것에서 볼 때 이 잡지는 '조선의 미'의 위치를 동양 예술의 최정점에 둔다는 자세를 보이고 있다. 이러한 자세는 예술의 과거와 미래, 동양과 서양을 망라하겠다는 포부와 그 기저에 조선의 맛(味), 혹은 미(美)를 그 중심에 두겠다는 생각으로 이어진다. 또한 실제 『아침』에는 예술작품의 그림과 사진을 많이 수록하려고 노력하여, 조선 예술을 종합적으로 다루려고 하는 이 잡지가 한반도에서 미증유의 시도라는 점에서 커다란 자부심도 표명되어 있다. 이 잡지에서 노리타카와 관련하여 주목되는 부분은 다음 항목이다.

> 본사 설립과 이 잡지 간행에 관해서는 각 방면 인사들의 여간 아닌 후의와 조력을 받은 것에 감사하지 않을 수 없다. 가토 쇼린(加藤松林), 오다테 조부시(大館長節) 두 분께는 따로 예술 잡지 발간의 기획이 있었음에도 불구하고, 이 잡지를 위해 애초의 뜻을 접고 도리어 우리를 위해 노력을 아끼지 않으셨다. 아사카와 노리타카 씨는 기사 이외에도 장정 일체를 맡아 고생해 주셨다. 또한 표지 그림은 쓰다 세이후(津田青楓) 씨로부터도 송부받았는데, 때가 이미 늦어 아사카와 씨의 것으로 인쇄판을 만든 후였으므로 이번에는 어떻게 할 수 없었던 점에 용서를 구한다. 그 밖에 가사가미(笠神) 씨, 가쿠다(角田) 씨 및 집필자 각위의 후의에 감사 말씀 드린다. (編輯子 1926)

이 잡지의 편집자는 기사뿐만 아니라 잡지 장정과 관련된 일체의 작업을 담당해 준 것에 대해 노리타카에게 상당한 고마움을 표현하고 있다. 또한 앞서 본 것처럼 『아침』의 표지화는 노리타카의 그림인데, 여기에도 약간의 사정이 있었다. 일본의 국민 작가 나쓰메 소세키(夏目漱石)와 절친했던 화가 쓰다 세이후(津田青楓)로부터도 그림이 전달되었지만, 인쇄 일정에 늦는 바람에 미리 인쇄판에 만들어 둔 노리타카의 그림을 표지화로 사용하게 되었던 것이다. 쓰다 세이후는 1910년까지 파리에서 유학을 하고 돌아와 서양화가로서 당시 일본에서는 큰 세력을 형성한 유명 화가였다. 자세한 내막은 알 수 없지만 일본에서 한반도로 그림을 보낸 배송 시스템이 느렸던 덕에 『아침』의 성격을 가장 직접적으로 보여 주는 표지화까지 노리타카의 낙관이 찍힌 백자와 소반(小盤) 그림으로 장식되었던 셈이다.

그 밖에도 1926년 당시 화가들을 중심으로 별도의 예술 잡지도 기획되던 상황이었지만, 『아침』은 '조선'의 예술을 통해 조선의 미와 특성을 이해하기 위해 문예계, 음악계, 미술계가 합작한 첫 시도였다. 조선 예술을 구성하는 세 분야가 문예, 음악, 미술이라는 점은 이 잡지를 간행한 「조선예술사 청규(淸規)」에도 잘 나타나 있다.

「조선예술사 청규」에 따르면 조선예술사라는 결사는 월간지 『아침』과 단행본을 출판하는 것 외에 '미술 전람회, 문예 강연회, 음악 연주회' 등의 개최를 주요 사업으로 경영하고자 했다. 그렇기 때문에 잡지 『아침』이 규정하는 조선 예술은 미술, 문예, 음악을 망라하는 개념임을 알 수 있다. 조선미술전람회가 모델로 삼았던 일본의 제국미술전람회에서는 1927년 미술에 공예부가 신설되었고, 조선미술전람회에서는 1932년 공예부가 신설되는데, 미술에 공예가 포함되고 한국 공예가 커다란 영향력을 미친 데에 노리타카와 다쿠미의 활동이 도화선이 되었음은 말할 나위도 없다. 또한 청규에 조선예술사의 사우(社友)는 『아침』에 신시(新詩), 단카, 판화, 작곡을 투고할 수 있다고 했으므로 1926년 시점에서의 '조선 예술'이 가리키는 구체적 범위와 영역이 여기에 명시된 셈이라고 하겠다.

『아침』의 잡지 구성과 인물들의 면면은 매우 흥미롭다. 먼저 구성적인 측면에서 보자면 당시의 출판 상황에 비해 사진과 삽화가 상당히 많이 수록되어 있다. 내용을 장르별로 보면 크게는 사진과 회화, 논설과 평론, 시와 단카 등의 문예물, 잡필 등으로 구분된다.

첫 번째 사진과 회화에는 조선의 예술품이라 할 만한 도자기나 풍속화, 건축물, 선전 입선작 스물다섯 점의 사진판이 게재되어 있어서, 당시의 간행 환경과 기술을 생각할 때 상당히 공을 들인 예술 잡지였음을 알 수 있다.

두 번째 논설과 평론에는 조선백자나 건축물, 미술학교, 동서양 회화나 음악, 민요 등에 대한 비평, 특히 제2호의 경우는 선전에 관한 비평과 기록이 잡지 전체의 약 절반을 차지한다.

세 번째 문예물은 시와 단카가 주를 이루고 있다. 창간호에는 시인 41명의 시가 50편, 단카는 6명 가인(歌人)의 66수, 제2호에는 시인 32명의 시 47편, 단카는 7명 가인의 60수가 실려 있다. 단카와 더불어 일본 전통시가의 대표 장르인 하이쿠(俳句)는 창간호에만 당시 경성의 하이쿠 문단에서 활발하게 활동하던 기타가와 사진(北川左人)의 10구가 보인다. 특히 시 분야에는 참여 시인이 마흔 명 정도 되고, 잡지 중간에 탁상신서(卓上新書)라는 코너에는 시집이나 소개와 비평도 짤막히 들어가 있다. 일제강점기에 한반도에서 전개된 단카, 하이쿠, 센류(川柳) 같은 전통시가 문단의 동향은 어느 정도 정리가 되었다(엄인경 2014a). 『아침』에 수록된 시와 시인의 정보는 이에 비해 상대적으로 윤곽이 불분명한 당시 한반도의 일본어 시단(詩壇)의 상황을 알 수 있는 호적의 자료라고 하겠다.

마지막 잡필은 수필적 성격에 가까운 감상문을 위주로 하여 우스개 이야기나 조선의 속담이나 옛날이야기, 수상록, 만어(漫語)의 형태를 띤다.

아사카와 노리타카는 잡지 목차에서만 이름이 여섯 번이나 확인된다. 선전 입선자로서는 물론이고 잡지 표지화와 커트를 그린 화가로서, 백자에 관한 해설과 논설, 선전에 관한 잡감을 쓴 문필가로서 거명되고 있다. 또한 앞서 본 「아침의 창에서」에서도 편집자가 장정과 표지화를 담당해 준 노리타카에게 특별히 감사의 인사를 하고 있어서, 『아침』에서 노리타카의 존재감은 확실한 것이었다. 이것은 1920년대에 '조선 예술'을 논하거나 구성할 때 노리타카가 가장 빈번히, 그리고 폭넓게 호명된 인물이었다는 것을 말해 준다.

한편 『아침』이 예술이라는 영역 안에서 문학과 미술, 음악의 카테고리로 고른 균형을 취하려는 의식은 목차와 편집후기 등에서 볼 수 있다. 목차의 경우 페이지 순서에 따라 게재된 글을 나열한 것이 아니라 논설, 시, 단카, 잡필, 사진과 회화로 게재 내용의 장르를 묶어서 제시하고 있으며, 논설 안에 백자, 건축, 미술, 음악 등 예술 영역 안의 테마를 다룬 글들을 배치했다.

잡지 말미에는 편집후기와 비슷한 성격의 「아침의 창에서」 외에도 「예원왕래(藝苑往來)」라는 난이 마련되어 있는데 이 또한 문예계, 음악계, 회화계 셋으로 분류되어 있다. 문예계에서는 한반도의 잡지 간행 소식과 시화회, 단카와 하이쿠 같은 전통시가 결사의 활동 및 문예출판물의 소식을 전하고, 음악계는 음악회 안내와 음악가의 근황을 소개하며, 회화계에는 미술모임의 전시회나 입선 소식, 혹은 그림 유료 배포회 등을 상세히 안내하고 있다. 제2호 판권지 부분을 보면 각 담당자가 기재되어 있는데, 음악부는 오바 유노스케(大場勇之助), 미술부는 다다 기조(多田毅三), 문예부는 시인 우치노 겐지(內野健兒)였다.

최소한 1926년 상반기에 한반도에서 개최된 음악과 미술 행사 및 잡지나 단행본의 출판, 다시 말해 한반도의 예술작품이 개진된 상황과 분야별 주요 인물들이라 할 수 있고, 식민지기 예술에 교육자들이 깊이 관여되어 있음을 보여준다고 하겠다. 또한 이러한 인물들은 노리타카와 '조선 예술'이라는 테두리에서 함께 활동한 영역권 내의 재조일본인들이었다고 할 수 있다.

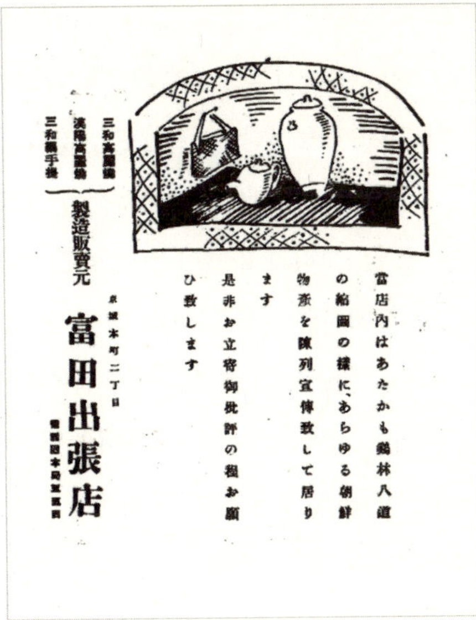

그림 4-4
도미타(富田) 출장점 광고 지면

『아침』의 가장 큰 내용상의 특징이라면 이 같은 미술, 문예, 음악 분야를 아우르고 '조선색'을 담아낸 '조선 예술'을 표방했다는 점이다. 이와 관련하여 이 잡지의 첫 장에는 〈그림 4-4〉에서 볼 수 있듯 흥미로운 광고가 보인다. 경성 혼마치(本町)의 도미타(富田) 출장점 광고인데, "당점 내에는 마치 계림(鷄林) 팔도의 축도처럼 온갖 조선 물산을 진열, 선전하고 있습니다. 꼭 들러서 비평해 주시기를 부탁드립니다"라고 선전하고 있다. 이 광고 그림은 당시 조선 팔도의 특산물을 선별, 진열, 판매, 다시 말해 조선색을 상품화한 상업 시스템이 성립되어 있었다는 것을 보여 준다. 그리고 그 조선의 특산 상품으로 제조 판매한다고 소개된 품목이 바로 뜨개 손가방과 더불어

'야키모노(燒き物)', 즉 자기였다.

예술과 조선색을 중심축으로 하는 『아침』에는 여러 형태로 이처럼 조선의 자기가 등장한다. 조선 특산물의 선전 광고 그림뿐 아니라 표지에도 조선의 소반 위에 놓인 백자 그릇이 그려져 있고, 또한 잡지 권두의 사진, 권두 논설, 그리고 목차나 코너 중간 중간에 삽화로서 들어간 것이 모두 자기, 특히 백자인 것을 확인할 수 있다. 모든 백자 그림은 아사카와 노리타카가 그린 것이다. 이에 대해서는 뒤에서 상세히 살펴보기로 하겠지만, 1926년 시점에서 자기 자체가 조선색을 표상하는 대표적 물상이 되어 있었다는 점을 우선 유념해 두기로 한다.

요컨대 1926년에 조선 예술 잡지로서 창간된 『아침』은 조선색을 중핵으로 하는 시가(詩歌, 시와 단카)와 수필의 문예물, 장르 성격상 지면에 담기는 어렵지만 음악, 그리고 회화는 물론이려니와 조각, 공예, 건축까지를 포함한 미술이라는 세 장르를 통해 조선 예술에 관해 종합적으로 논하고자 한 독특한 잡지였다. 비록 두 호만이 확인되는 것이 아쉽기는 하지만, 그때까지 한반도에서 등한시된 예술 개념에 의미를 부여하고 조선 예술의 대명사로서 백자로 대표되는 조선적 예술품을 고찰하거나 혹은 표현하려는 폭넓은 시도였다고 하겠다.

미술가로서의 노리타카와 도자기 그림

『아침』은 시나 평론에서 조선의 수동적이고 부(負)의 이미지로 읽힐 수 있는 조선적 특징을 포착했다는 한계도 분명 없지는 않지만, 조선 예술

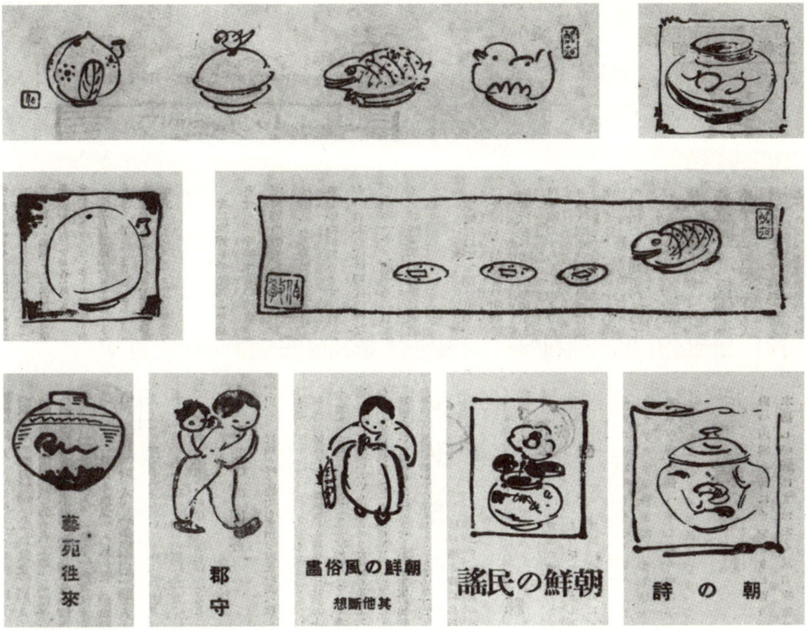

그림 4-5
『아침』의 여러 코너에 사용된 노리타카의 그림들

이나 조선적인 특성과 미에 대한 애호를 촉구한다는 점에서 주목된다. 형식적으로는 미술, 문예, 음악으로 대별되는 조선의 '예술'이라는 범주를 아우르고, 내용적으로는 '조선색'이 드러나는 예술작품을 논하고자 한 이 『아침』에서 가장 활약이 두드러지는 인물이 바로 노리타카다. 표지와 권두의 사진은 물론이고 잡지 내부의 삽화에서도 백자가 다양하게 사용되고 있으며, 이 그림이나 사진을 제공하고 백자에 대한 글을 쓰며 코너마다 여러 형태의 백자로 된 소품을 삽화로 그린 사람이 바로 그였기 때문이다.

그는 『아침』의 표지화와 장정을 담당했을 뿐 아니라 백자 단지나 연적 같은 소품, 한복을 입거나 아이를 업은 조선인 등 조선적 풍물에 대한 삽화를 잡지의 여러 코너에 제공했다. 잡지의 장정 자체는 물론이고 표지, 목차, 코너의 시작 등 수많은 페이지에서 노리타카의 손길을 느낄 수 있다. 문학작품이나 회화는 감상 이후에는 수용자에게 이미저리(imagery) 형태의 인상을 남기고, 일종의 '상(像)'으로 기억된다고 한다(김미영 2009). 즉 그림은 이미지로 뇌리에 남는다는 이야기다. 이러한 점에서 노리타카의 그림 작업이 『아침』이라는 매체에서 차지하는 중요성은 매우 크다.

이처럼 백자와 조선색에 매료된 노리타카의 모습은 동시대 재조일본인들에게도 색다르게 비쳤음에 틀림없다. 재조일본인 미술평론가로서 수필과 단카를 남긴 난바 센타로(難波専太郎, 1894~1982)는 당시 격의 없이 노리타카의 집에 놀러갈 수 있는 사이였던 모양이다. 그는 일본 도요(東洋)대학을 졸업하고 경성으로 건너와 경성중학교를 거쳐 당시 경성철도학교의 교수로 재직 중이었다(이치야마 모리오 2016). 1930년대에 일본으로 돌아간 후에도 잡지를 주재하거나 저술 활동을 한 미술평론가였는데 이 당시 노리타카와도 가깝게 지냈다. 난바의 1928년의 수필집 『조선풍토기(朝鮮風土記)』 중에서 「바보와 단지의 취미(馬鹿と壺との趣味)」라는 글에서는, 1920년대 중후반 노리타카가 경성에서 백자를 둘러싸고 어떤 생활을 했는지 그 단면을 엿볼 수 있다. 이 글을 통해 백자 단지에 푹 빠져 지낸 노리타카의 일상에 접근해 보기로 하자.

> N씨는 서화골동의 애호가였다. 나는 실은 N씨로부터 상당히 영향을 받았다. 얼마 전 신라 단지를 사가지고 와서 골동품 애호가입네 하는 표정을 지으며 동백꽃을 꽂아 놓고 좋아하고 있었더니, 그건 영등포산[영등포에서 만든

싸구려 가짜라는 의미—인용재이라고 말해 준 사람도 N씨였다.

…

N씨는 이 무렵 서화에 대한 열정이 도기류—특히 고려나 이조의 도자기인 듯했는데—쪽으로 향해 있는 것 같았다.

"이제 꽤 많이 모으셨겠어요." 변함없이 무릎 위에서 단지를 만지작거리며 내가 이렇게 묻자 그는 "많기는 뭘"이라고 했는데, 옆에 있던 골동품상이 끼어들어 설명을 했다.

"육칠십 개까지는 안 되더라도 상당한 수집일 걸요. 게다가 종류 면에서도 이렇게 여러 종류를 수집하신 분은 경성, 용산에도 없을 겁니다."

…

무심하게 빛나는 불빛 아래로 두 개의 이조백자 단지가 죄 없는 큰 입을 떡 벌리고 있다. 꽤나 우스워 보이는 모습이다. 나는 다시 봄 바다에 있는 복어를 떠올렸다. 그리고 '역시 단지는 재미있어'라고 생각했다. 개성이 그대로 살아 있는 점이 재미있다. 잔 세공이 없는 점이 재미있다. 불룩이 배를 내밀고 아무 사심도 품고 있지 않은 점이 재미있다. 고요 속의 고요, 허무 그 자체이면서 '영원'의 밑바닥에 있는 외로움과 강인함이 있다. 이 영원함, 강인함은 '바보'의 영원함이며 강인함이다.

…

나는 조용히 두 단지를 바라보며 우두커니 이런 생각을 했다.

N씨는 여전히 나무 쟁반을 닦으면서 그 광택을 전등 빛에 비추며 바라보고 있었다. (難波専太郎 1928)

이 글은 말미에 1926년 4월 26일이라는 날짜가 기록되어 있어 일기 같은 형식을 취하고 있다. N이 노리타카의 이니셜임은 두말할 나위 없으며 딸 미에코가 기억하듯 노리타카의 집은 부유하지는 않았지만 늘 찾아오는 손님으로 북적였다고 하는데(上杉美惠子 2005), 난바도 그 손님들 중 한 명이었을 것이다. 그날도 골동품상이 와 있는 노리타카의 집에서 철사(鐵砂) 단지를 구경했고, 노리타카는 육칠십 개에 육박하는 소장품을 수집했다는 언급도 보인다. 그의 영향으로 난바가 조선의 단지의 개성과 재미를 감상할 수 있게 되었다는 내용인데, 단지의 모습에서 외로움과 강인함, 영원함을 느낀다는 난바에게서 노리타카가 백자를 감상하는 예술품으로 위치지은 것이 동시대 미술평론가에게도 공유되었음을 볼 수 있다. 이 글에서는 과묵하고 사람 좋아 보이는 노리타카의 응대나 명랑하고 교토 사투리로 깔끔하게 이야기를 정리해 버리는 노리타카 아내의 대화도 직접 인용이 되어 있어 꽤 생동감 있다.

또 한편으로 노리타카는 1926년 그림에서 도기로 열정과 애호의 마음이 옮아갔다고 하는데, 미술가로서의 면모를 조금 더 상술하면 노리타카는 한반도로 건너와 1920년대 전반에 이르기까지는 화가나 조각가로서 명성이 높았다. 『아침』 창간호의 「예원왕래」에는 물론이고, 뒤에서 다룰 한반도 최대 단카 잡지였던 『진인(眞人)』에도 「아사카와 노리타카 화백 작품 반포회」가 전면 광고되었다.

노리타카의 그림은 주로 백자나 백의 한복을 입은 조선 사람의 곡선 이미지를 잘 살린 선화가 많은데, 이 반포회에서 판매된 그림들이 어떠한 것인지 상세히 알 수는 없지만, 아마도 조선색을 물씬 느낄 수 있는 백자나 인물을 그린 선(線) 그림이 많았을 듯싶다.

그리고 『아침』이 간행된 1926년에 노리타카는 제5회 〈조선미술전람

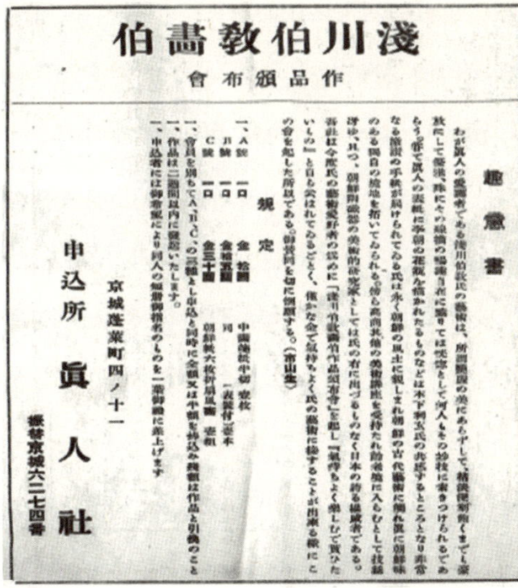
淺川伯教畫伯

作品頒布會

趣意書

わが眞人の愛讀者である淺川伯教氏の藝術は、所謂額縁の美にあらずして、精渋便利(?)くまでも深款にして優渥、殊にその線描の暢達さに至りては吹雪として何人もその妙技に惹きつけられるであらう。嘗て眞人の表紙に李朝の花瓶を描かれたるものなどは木下利玄氏の共感するところとなり非常なる讃辭の手紙が届けられてゐる。氏は永く朝鮮の風土に親しまれ朝鮮の古代藝術に觸れ眞に朝鮮味のある獨自の境地を拓いてゐられる。傍ら高麗其他の美術陶器を受持たれ該道の地に入るひととして技量得ゆ、且つ、朝鮮陶磁器の美術的研究家としては氏の右に出づるものなく日本の誇る權威者である。吾社は今度氏の藝術愛好者の爲めに「淺川伯教畫伯作品頒布會」を起し「氣持ちよく樂しむで貰ひたいもの」と自ら云はれてゐるごとく、僅かな金で氣持ちよく氏の藝術に接することが出來る樣にこの會を起した所以である。御賛同を切に御願する。（市山生）

規定

一、A號　一口　金拾圓　中國畫紙半切　壹枚
　B號　一口　金拾五圓　同　（表裝付）壹本
　C號　一口　金三十圓　朝鮮紙六枚折屛風　壹雙
一、會員を別ちてA、B、C、の三種とし申込と同時に全額又は半額を拂込み殘額は作品と引換のこと
一、作品は二週間以内に發送いたします。
一、申込者には御希望により同人の無肆御揮毫のものを一葉御禮に差上げます

京城蓮葉町四ノ十一

申込所　眞人社

振替京城六二七四番

그림 4-6

『진인』(1926년 1월호)의 노리타카 작품 반포회 광고면

회〉 서양화 부문에서까지 〈이조의 도기(李朝の燒物)〉라는 그림으로 특선에 입선한다. 다만, 노리타카의 이 그림에 대한 비평은 다음과 같다.

> 내가 지난 달 『아침』 창간호에서 읽은 「이조백자의 단지」를 읽고 정말 경의를 표하고 싶어졌습니다. 특히 그 '물끄러미 보고 있으면 단지는 조용히 말을 걸어준다 운운' 하는 부분은 실로 좋았습니다. 하지만 이 그려진 단지는 바람 피우는 여자처럼 너무 요설스럽습니다. 선은 단지가 가지는 그 특수한 질량적, 침착함을 조금도 드러내지 못하고 마치 유리병의 파편같이 날카롭습니다. (山田新一 1926)

대만에서 태어나 일본으로 돌아온 후 당시 한창 신예화가로서 촉망받던 야마다 신이치(山田新一)의 비평이 이와 같은바, 이 무렵부터 노리타카는 화가보다는 백자 연구가로서 평가가 더 우위였던 것은 아닐까? 아니면 조선 예술의 상징인 백자가 유리처럼 표현된 서양화 기법에 관한 비판일 수도 있겠다. 어느 쪽이든 노리타카가 화가로서 그린 서양화보다는 그가 쓴 백자에 관련된 권두글과 간단한 선으로 그린 조선인과 조선적 풍물에 관한 그림이 『아침』의 요소요소에 배치되면서 잡지의 성격과 잘 어우러지며 조선색을 제대로 부여했음을 볼 수 있다.

백자, 조선의 미와 예술의 상징

1910년대부터 조선의 아름다움에 관해 적극적으로 글을 발표하고 영향력을 발휘한 것은 야나기 무네요시였다. 야나기는 예술이란 민족정신의 표현이며 조선 예술을 조선 민족의 마음을 표현한 것이라고 보았다. 야나기가 말하는 조선의 미는 비애의 미와 선의 미학으로 일컬어진다.

> 나는 조선 예술, 특히 그 요소로 볼 수 있는 선(線, line)의 아름다움은 실로 사랑에 굶주린 그들 마음의 상징이라고 생각한다. 아름답고 길게 여운을 남기는 조선의 선은 진실로 끊임없이 호소하는 마음 그 자체이다. 그들의 원망도, 그들의 기원도, 그들의 요구도, 그들의 눈물도 그 선을 타고 흐르는 것처럼 느껴진다. 불상을 하나 떠올려 보아도, 도기 하나를 들어 보아도 이 조선의 선과 마주하지 않는 것이 없다. 눈물로 넘쳐흐르는 여러 가지 호소가 이 선

에 드러난다. 그들은 그 적료한 심정과 무엇인가를 동경하는 고심의 정을 아름답고 어울리는 길고 우아한 선에 담아냈다. (柳宗悅 1919)

나는 조선의 예술만큼 사랑을 기다리는 예술은 없다고 생각한다. 그것은 인정을 그리워하고 사랑에 살고자 하는 마음의 예술이다. 오랫동안 참혹하고 처참했던 조선의 역사는 그 예술에 남모를 쓸쓸함과 슬픔을 아로새긴 것이다. 거기에는 언제나 비애의 미가 있다. 눈물이 넘치는 쓸쓸함이 있다. 나는 그것을 바라보며 가슴이 먹먹한 감정을 누를 수가 없다. 이렇게도 비애에 찬 아름다움이 어디 있겠는가? (柳宗悅 1920)

앞의 글은 3 · 1독립운동을 목도한 뒤 1919년 5월 20일부터 『요미우리신문(讀賣新聞)』에 연재한 「조선인을 생각한다」의 일부인데, 조선이 겪어 온 역사와 당시 현재형으로 처한 고난에 대한 일종의 위로와 동정을 포함한 미학으로서의 면모가 보인다.

뒤의 글은 1920년 『개조』 6월호에 수록한 「조선의 친구에게 보내는 글」의 일부로 조선의 운명과 괴로움, 이를 초래하는 부자연스러운 세력과 일본의 폭력성에 대한 언급은 검열에서 삭제되기도 했다. 야나기에게 있어서 조선 예술은 그 역사의 슬픔을 아로새긴 비애의 미에 다름 아닌 것이었다.

그리고 야나기가 주창한 조선 예술의 선적인 아름다움과 비애미는 1922년 『신초(新潮)』 1월호에 기고한 「조선의 미술(朝鮮の美術)」에서 가장 정돈된 형태로 이야기된다. 야나기는 조선 예술이 동양 문화 속에서 탁월한 지위를 인정받을 날이 곧 올 것이라 예언하며, 일본의 국보가 실상 조선인의 손에 의한 것이므로 조선의 국보라고 해야 마땅하다고 말한다.

[조선 예술은—인용자] 소리에 강한 가락도 없고 색에 즐거운 빛도 없다. 감정에 넘치고 눈물에 충만한 마음만이 있다. 나타난 미는 애상의 미다. …'슬퍼하는 자는 위로받는다'고 예수는 말하지 않았던가? 비애란 하느님의 마음으로 지켜지는 비애일 것이다. 슬픔이 어떻게 미를 형성하는가? 또한 비애미가 어떻게 그처럼 사람을 끌어들이는가? 그것은 하느님이 생각하는 슬픔이기 때문일 것이다. (柳宗悅 1922)

또한 야나기는 조선 고유의 문양에서 수양버들과 운학(雲鶴)의 무늬를 예로 들며 부드럽게 흐르는 듯한 선을 강조하며, 선이 거의 모든 것을 지배하는 것이 조선 예술의 특질이라고 지적했다. 이러한 야나기가 가진 조선의 미학은 당시 조선에 예술이 있다고 생각하지 못한 많은 사람들에게 상당한 반향을 일으켰다.

이 같은 야나기의 선의 미학과 비애의 미학이 그와 친교를 나누었던 노리타카에게도 그대로 적용할 수 있는 미의식인가라고 하면, 오히려 그와 상반되는 면을 가지고 있었다. 『아침』의 두 호에서 노리타카가 쓴 논설 풍의 권두 글 「이조백자의 단지」와 조선총독부 박물관이 소장한 백자에 대한 해설 및 「선전 잡감(鮮展雜感)」 등의 글을 통해 노리타카가 백자에 관하여 어떠한 이야기를 예술과 결부시켜 하고자 했는지를 살펴보면서 이를 검토해 보자.

우선 『아침』 창간호의 권두 논설 「이조백자의 단지」에서 노리타카는 무엇을 이야기했을까? 이 글은 여덟 부분으로 구성되었는데 그 시작은 다음과 같다.

높이 약 여덟 치, 지름 일곱 치, 몸체에서 둥글게 아래로 불룩해지면서 다리굽으로 끝난다. 짧은 다리굽이 지면을 세게 누르고 있다.

몸체에는 이은 자리를 보이며(이조의 오래된 단지는 몸체로 이어져 있다) 완만한 곡선이 위쪽 목 부분으로 가서 다물어지고, 다시 주둥이는 기분 좋게 벌어지며 기세가 붙어 원을 만든다.

환원소성(還元燒成)으로 된 유약은 아주 약간 푸른 빛을 띠며 윤기나는 빛에 쌓여 있다. 유약을 칠한 면은 균일하지 않다. 유약이 두꺼우냐 얇으냐가 이 면을 풍부하게 하여 어떤 효과를 보인다. 지문 자국이나 유약이 벗겨진 자국이 있는 소탈한 것이다. 옛 시절부터 사용되어 온 까닭에 유약 아래의 바탕을 통해 여름철 구름 같은 얼룩이 보인다.

지금 하이라이트가 눈동자처럼 몸체에서 아래로 흐르는 목덜미 부근에도 어깨에 걸려 보인다. 또한 주둥이 앞쪽에 별빛이 하나 보인다. 편평한 원을 이루고 밝은 선이 주둥이 주위를 둘러싼다.

주둥이 아래는 어두운 그림자를 머금고 어깨 쪽으로 엷은 빛이 나아간다. 몸체의 이은 자리까지 흘러 점차 기세를 바꿔 다리굽 쪽으로 어둡게 되어 간다. 다리굽에는 밝은 빛을 띠며 검은 선 하나로 지면과 경계지어진다. 주둥이 안은 속을 알 수 없는 호수를 떠오르게 한다. 바닥의 암흑은 주둥이에 가까워짐에 따라 흐릿해진다. 그러나 이 어둠은 단순한 어둠이 아니다. 투명한 그늘의 무한한 반사가 모인 것이다. 달빛 없는 봄날의 눈 내린 밤을 떠오르게 한다.

어깨에서 미끄러진 빛이 보이지 않는 앞면으로 가서 거기에 하나의 분위기를 만든다.

이것은 기분 좋게 살려진 녹로(轆轤, 돌림판) 자국의 신기한 마술로 내 눈을 보이지 않는 반대 면으로 끌어가서 다시 반대 면을 앞으로 끌어내 온다.

그리고 마음으로 놀랄 만한 조각적 입체관을 느끼게 한다. (淺川伯教 1926a)

완만한 곡선으로 이뤄져 곡면에 따라 빛을 절묘하게 흡수하거나 반사하며 독특한 분위기를 만들어 내는 백자 단지에 대한 묘사다. 어릴 적부터 가정환경상으로도 시가문학과 친밀했던 탓인지 노리타카는 조선백자를 가능한 한 시적이면서도 회화적으로 묘사하고 있다. 노리타카는 이어 백자 단지가 그냥 그릇이 아니라 하나의 살아 있는 몸체이자 고대 그리스의 대리석으로 만든 토르소 같기도 하고 추상화된 조각이라며 그 예술성을 상찬한다. 여기에서 주목할 것은 노리타카가 백자 단지에서 조각적 입체관을 인정하고 있다는 사실이다. 그리고 곧 백자가 가진 생명의 힘, 합리, 진리, 사랑의 개념을 발견하면서 다음과 같이 말한다.

> 모르는 사이에 나날이 아름다워지는 시골 아가씨의 모습을 생각한다. 이것은 서양 부인의 아름다움도 아니고, 중국 부인의 아름다움도 아닌 완전히 조선 아가씨의 아름다움이다. 어깨의 선, 몸체로부터 밑받침에 걸친 선, 둥근 얼굴, 몸체에서 허리로 넓어져서 아래로 모여 살짝 신발을 보이는 안정감—봄밤 달빛을 밟는 백의의 사람들을 떠오르게 한다. 어디에선가 굴리는 것처럼 따닥따닥 다듬이질하는 소리가 들린다. 이 아름다운 형태와 빛이 어디에서 태어난 것인지 나는 모른다. 이름도 없는 도공의 우직한 한결같은 마음에서, 돌림판과 진흙에 강직한 작의 없는 마음에서, 도공의 이름도 모르고 장소도 모르고 때도 확실히는 모른다. 그저 남은 흙으로 쓴 도공의 자서전, 이 단지는 도공의 자서전이다. 이름도 모를 사람의 영혼은 유감없이 이 단지에 담겨 영원히 살아간다. (淺川伯教 1926a)

그는 백자에서 조선 아가씨의 모습을 떠올리는데, 그것이 남성의 눈으로 여성의 몸을 바라보는 폭력적 시선이 아님은 그것이 곧 봄날 밤에 어스레한 달빛을 밟으며 걷는 '백의의 사람들'로 보편화되고 있는 점에서 확인할 수 있다. 그리고 흰옷을 입은 조선 사람이 이 백자를 만들고자 흙을 마주한 어느 무명의 도공의 영혼으로 변모해 있는 서술을 통해, 노리타카가 백자를 통해 조선인 특유의 예술감과 미적 감각을 부여하고 있음을 알 수 있다. 이것은 이윽고 조용한 광채와 다양한 정조(情調)의 세계로 이어지고, 노리타카는 늦은 밤 자기와 아내와 아이들이 모두 잠들어 있는 때에도 이 백자 단지만은 잠이 깬 채로 그 방 공간을 따뜻하게 지켜주는 존재라고 말한다.

노리타카가 백자 단지의 미에 관해 이야기하는 내용에서 흥미로운 것은 예술성과 실용성에 관한 그의 논리다. 예술품은 실용적이지 않은 것으로 여기는 것이 당시의 통념이었기 때문이다. 단지는 물론 실용적인 물건이지만 노리타카는 사용하지 않고 보고 즐기며 활력을 얻고 사랑을 느끼기에도 충분한 '혼'을 가진 예술품이라고 보았다. 백자가 가진 '혼'은 곧 다음과 같이 '내면의 아름다움'이라는 본질적인 것으로 표현이 된다.

> 주마등같이 흘러가는 지금 세상에서는 어느샌가 이 내면의 아름다움이 상실된다. 페인트가 옻칠을 대신하고 고무신, 철엽(鐵葉), 인조가죽, 콜타르, 아무런 맛이나 정취가 없는 연질(軟質) 도기, 이러한 것을 아름답다는 사람도 있다. 그것도 괜찮을지 모른다. 오래된 것을 모방하는 사람보다야 옳다.
>
> 하지만 고무신은 가죽신보다, 페인트는 옻칠보다 아름답지 않은 것은 사실이다. 크롬 청자는 변소 요강에야 괜찮지만 식기로는 못 쓴다. 동양의 재료를 동양의 기분으로 살릴 사람이 누군가 태어나야 한다. 서양의 사상이나 미술 앞에서 동양의 것이 망하기라도 할 듯 여기는 사람이 있다. (淺川伯教 1926a)

이 글을 보면 노리타카가 세상의 변화를 재료와 물질이 멋도 맛도 없는 것으로 바뀌는 현상에 대해 한탄하는 듯이 보인다. 하지만 단순한 한탄이 아닌 것이, "동양의 재료를 동양의 기분으로 살"리는 것이 중요하다고 하면서도 서양 미술의 절대적인 힘을 인정하지는 않고, 반대로 "동양의 전통만을 옳다고 고집하는 것은 화석이나 다름없다"고 말하고 있는 점이다. 다시 말해 문화 이해에 관한 유연한 자세와 동서양 문화에 상당히 상대적인 태도를 취하고 있음을 엿볼 수 있다.

그리고 「이조백자의 단지」 후반부에서는 어느 도공이 돌림판에 앉아 백자를 만드는 모습을 떠올리며, 그러한 손작업이 일본의 도공과 상이하다고 언급한다. 동양과 서양의 문화를 상대적으로 보는 시선은 조선과 일본의 예술이 서로 다름을 인정하는 시선과도 통한다.

이처럼 노리타카는 백자에서 시를, 소리를, 동양의 미를, 그리고 중국이나 일본과는 다른 조선 독자의 미를 발견하고 그 가치를 높게 평가하고 있다. 조선 특유의 아름다움은 흰옷의 조선인들이나 다듬이질, 그리고 도공이라는 구체적 조선 사람들의 동적인 이미지, 즉 다이너미즘으로 이어진다고 보는 데 그 특징이 있다. 왜냐하면 당시 조선의 문화는 아예 인정되지 않거나 매우 정적이고 움직임이 없는 것으로 인식되었으며, 그러한 정적인 이미지가 나태함과 게으름이라는 부정적 습성으로 이어지는 것이 보통이었기 때문이다.

또한 도기를 만드는 사람, 즉 도공에 대한 관심이 사뭇 남달랐다는 것도 알 수 있다. 그래서였을까? 백자의 안정감, 생명력에 이끌려 노리타카는 실제 한반도 전역의 가마터를 조사했고 조선 도공의 후손들에 의해 명맥이 이어진 도자기 명산지를 찾아 일본까지 다녀오기도 했다. 약 2년 전인 1924

년 정월의 일인데, 이때의 일본행이 노리타카가 쓴 수필 「정월과 여행(正月と旅行)」에 묘사되어 있다.

이 수필은 노리타카가 규슈(九州)를 여행하며, 임진왜란 때 도공으로 일본에 가게 되어 사쓰마야키(薩摩燒)를 유명하게 만든 13대 심수관(沈壽官, 正彦)을 만나고 온 내용이다. 노리타카는 1919년 4월 교직을 그만두고 일본으로 가 꼬박 3년간 조각가로서의 공부를 했지만 이윽고 다시 조선 미술공예를 연구하기 위해 1922년 4월 다시 조선으로 돌아왔다. 여전히 조선 도자기를 바라보는 것이 좋았고, 그의 이러한 조선 도자기에 관한 생각은 이 해의 『시라카바』 9월호에 게재된 「이조 도기의 가치 및 변천에 관하여」에서 그 윤곽을 드러낸다.

> 나는 좋은 도기라는 것은 귀한 자연율과 인간의 힘이 합해짐으로써 생긴, 실용과 예술을 일치시킨 것으로 생각하고 싶다. 하지만 일본의 많은 물건들은 자연율을 무시하고 자신의 영리함을 보이고 싶어 하는 경향이 있다. 그래서 별로인 것이 된다. 조선인의 것에는 이런 것이 없다. 우선 반드시 주위 자연에서 출발한다. 건축을 보더라도 항상 주위의 선이나 면에 잘 일치하듯이 짓는다. 그것은 언뜻 보면 제비가 둥지를 짓는 듯한 방식인데, 어떤 작은 집이라도 자연의 선과 잘 조화시킨다. 하지만 그것이 자연율에 지극히 유순하게 따른다. (淺川伯教 1922)

즉 조선의 도기가 자연율에 따르며, 그것을 만드는 도공들의 힘도 자연에 따르는 것에서 출발하고, 그 때문에 자연과 인간의 합한 힘에 의해 탄생한다는 점에서 일본의 예술품과 차이가 있다고 보는 것이다. 그리고 노리타카는 이렇게 탄생한 조선 도자기에 근대적이라고 할 만한 소질을 발견했다. 이 글에서 노리타카의 한반도 도자기에 관한 괄목할 만한 연구 성과가 담겨져 있음은 두말할 나위도 없지만, 1922년 8월 7일의 날짜가 기록된 이 기사의 뒤에는 다음 같은 부기가 있는데 그 내용이 재미있다.

> 어제 동생이 청량리에서 연꽃과 개여뀌를 많이 가지고 와서 큰 이조 진사(辰砂) 단지에 키가 큰 채로 꽂았다. 그것이 어제는 고개를 숙이고 있었는데, 지금 전부 고개를 들고 세 송이는 하늘을 향해 힘차게 개화했다. 이 얼마나 장관인지. 혼자 잠자코 보고 있을 수가 없어서 여기에 쓴다. (淺川伯教 1922)

동생이란 물론 다쿠미를 가리키며, 청량리 임업시험장에 근무하던 다쿠미가 가져온 연꽃과 개여뀌를 이조 진사 단지에 꽂아 두었더니 시들하던 것이 생명력을 되찾아 활짝 피었다는 내용이다. 여기에서 백자가 내포한 생명력, 그리고 꽃병이라는 장식적인 용도의 그릇이 따로 없는 실용물 백자에 자연의 힘이 내포되어 있다는 발견이 담겨 있다. 백자가 자아낸 그 장관을 혼자 보기 아까워 슬쩍 부기했다는 노리타카의 이 메모에서 조선의 실용성이 예술과 부합한 생명의 아름다움과 그것을 발견한 사람의 기쁨이 고스란히 드러난다.

어쨌든 이때부터 노리타카는 조선, 고려, 신라로 거슬러 올라가는 도기의 역사를 찾아 가마터를 직접 찾아다니고 도자기 파편을 채집하며 다니는 행각(行脚)과도 같은 조사 활동을 오래도록 지속하게 된다. 이때부터 다쿠미가 동행하는 경우에는 보고서나 기행 형식으로 기록해 주었던 모양이며, 경제적으로 넉넉한 수입이 없는 상태에서 조사 연구를 계속하자 1928년

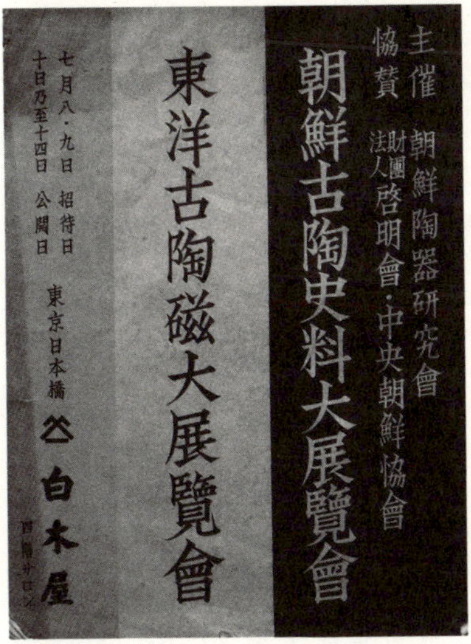

그림 4-7
계명회 주최로 이루어진 도자기 전람회 포스터와 당시 사진 〈사진 제공: 淺川伯教巧兄弟資料館, 사진 출처: 도록 『아사카와 노리타카를 읽다』에서 허가받아 전재함〉

부터는 최남선이 주요 멤버로 들어가 있던 계명회가 아사카와 형제와 야나기, 구라하시 도지로(倉橋藤治郎)의 조선 도자기에 관한 공동연구에 보조금 지원을 하기에 이르렀다. 이것이 다쿠미가 사망하고 몇 년 후까지 노리타카가 조선 가마터와 도자기 산지 300곳 이상을 찾고 조사하는 연구에 든든한 뒷받침이 되었음은 말할 필요도 없다.

다시 「이조백자의 단지」의 내용으로 돌아오면, 노리타카는 서양과 대비되는 동양미의 한 축으로서 조선의 안정적, 조각적, 실용적인 아름다움을 확고하게 위치 지우고 있다. 물론 일제 말기의 동양주의와는 다른 맥락일

그림 4-8
고려백자 봉수 물병

터이나, 노리타카에게는 일찍부터 조선의 미에서 동양의 아름다움의 정수를 발견하는 시선이 감지되는데, 그런 점에서 성(城) 한 채와도 비견될 만한 조선 도자기의 예술문화적인 힘과 가치를 높이 인정하고 있다.

이러한 견해가 동시대 재조 일본인들의 조선 예술에 대한 견해나 관점과 얼마나 유사한지 혹은 차이가 있는지는 뒤에서 조금 더 검토해 보기로 하고, 이어 『아침』 제2호에 노리타카가 기고한 내용으로 넘어가 보자. 제2호에는 고려백자 봉수 물병이 권두 사진으로 제시되어 있고, 노리타카가 이에 대한 해설문을 다음과 같이 적었다.

> 이 물병은 송나라 대에 만들어진 것인데 개성 부근에서 출토된 것이라 일컬어진다. 그래서 중국에서 만들어진 것인지 조선에서 만들어진 것인지 판명되지 않았지만, 형태는 당나라 대의 것 중에 이와 닮은 나무 물병이 서역에서 발굴된 적이 있고 일본 덴표(天平) 시대의 유물에도 남아 있다. 이러한 백자는 조선에서도 만들어졌으므로 제작지가 어디인지는 지금 말할 수 없지만 오래된 형식의 대단히 좋은 것이라고 본다. 박물관의 후지타(藤田) 씨의 호의에 의해 여기 선보이게 되었다. (淺川伯教 1926c)

고려의 도읍지였던 개성 근처에서 출토된 상당히 가치가 있는 것으로 보이는 백자 물병에 대한 설명인데, 여기에서 볼 수 있듯 제작 시대를 추측하거나 일본이나 중국과 대조하여 논할 수 있는 감식안은 당시 아마 노리타카만이 가졌을 것이다.

이 해설과 함께 조선미술전람회에 관한 비평을 담은 여러 글 중에서 노리타카가 쓴 「선전 잡감(鮮展雜感)」이 여기 첫 코너에 수록된다. 이 글은 다섯 절로 구성되었는데, 노리타카는 1절에서 미술과 실용이 불가분의 관계인 것을 강조하며, 다른 문화와 미술에 대한 상호 이해와 문화 파괴나 위작(僞作)의 횡행을 비판했다. 2절에서는 전람회를 예로 들어 공적으로 작품 감상할 수 있는 공간의 중요성과 가치에 관해 이야기하고 있으며, 이것은 앞서 살펴 본 노리타카가 동생 다쿠미와 야나기 무네요시와 함께 1924년 조선민족미술관을 건립했던 의의와 직결되는 내용이라 하겠다. 3절에서는 그해 〈조선미술전람회〉에 출품된 회화를 보고 아직 유파가 작용하는 동양화 부문보다는 서양화에서 흥미로운 작품들이 있다고 지적하며 작품에 생명과 개성의 중요성을 강조했다. 그리고 4절에서 조각에 관해 서술하는데, 바로 여기에서 조선 예술에 관한 노리타카의 의견이 다음과 같이 명료하게 개진된다.

> 종래에 조선의 미술에서 자랑할 만한 것의 주요한 것에 건축과 석조와 도기와 목공품 네 가지를 들 수 있다. 뛰어나게 아름다운 것들이 현대에도 수많이 남아 있다. 나는 이러한 것들이 세계적으로 확실한 위치를 지니고 있다고 믿는다. 조선 사람들은 회화보다도 조각에, 평면보다도 입체에, 그 제작상의 천분을 지니고 있다고 본다. 석굴암이나 불국사, 부벽루나 해주의 부용당, 고

려 이조 시대의 여러 도기, 경성의 오래된 건축, 선반류나 상자류, 거론하려면 한도 없다. 이러한 것은 오래전부터 회화에 비해 대단히 앞섰다고 생각한다. 평면보다도 입체적 방면에 특수한 기능을 지니고 있다.

> 어떤 사람은 조선을 공예미술의 나라라 말한다. 이 말이 옳다고 본다. 이 향토에 이러한 것들의 발달을 도모하는 일에 더 궁리할 필요가 있다. 그러려면 우선 조각의 발달이라는 것을 생각해야 한다. … 그 밖에 향토예술 또는 공예미술의 일부를 만들 필요가 있음은 말할 나위도 없다. (淺川伯教 1926d)

이처럼 노리타카는 조선 미술의 입체적인 강점과 공예의 특수성을 세계적으로도 확고한 것으로 위치 지우고 있다. 그리고 그 과정에서 '향토'의 개념을 강조하였다. 1920년대 노리타카를 포함한 권역의 재조일본인들이 전개한 조선 '향토' 담론은 상당히 중요한 양상과 특징을 띠는데(엄인경 2014b), 이 향토에 대한 애착은 이 글의 5절 마지막 문장에서도 "이 땅에 뿌리내린 것을 키워 내야 한다고 생각한다"라는 말로 마무리된다.

이처럼 노리타카는 조선 땅에 뿌리내린 향토 예술의 아름다움과 고유함, 특수성을 상당히 중요한 것으로 위치 지었다. 또한 일제강점기 한반도의 일본어 문학과 회화 작품의 구성방식에 있어서는 야나기 무네요시가 『조선을 생각하다』에서 말했던 것처럼 조선 민예품, 특히 이조백자의 단아함과 소박함을 선(線)의 미학으로 보려는 인식과 노리타카의 인식을 대비해 보는 것도 매우 흥미로운 읽기가 될 것이다.

> 나는 여기서 선이 거의 모든 것을 지배하는 조선 예술의 특질이라고 지적했다. 만약 형태와 색의 요소가 거기에 부족하다는 것을 더 지적할 수 있다면

나의 견해는 더욱더 바른 기초를 얻게 되는 셈이다. 나는 이 점에 대해서도 여러 가지 흥미 있는 사례를 들 수 있다.

가느다란 곡선이나 키 큰 모습 등은 안정된 형태를 만들어 낼 수 없는 필연적인 기법일 것이다. 안정되고 편안하게 땅에 드러누운 형태의 미를 거기서는 느낄 수 없다. 강함이나 힘이나 크기나 양의 느낌을 거기서는 구할 수 없다. 조선의 작품은 부동의 형태에 그 미를 의탁하려고 하지 않는다. 강고한 땅에 안정된 형태가 부족하다는 것은 반면에 선의 요소가 강하다는 것을 뒷받침해 줄 것이다. 중국의 형태와 대비함으로써 우리는 조선의 선을 한층 더 의식하게 된다. 선에 대해서는 이미 많은 이야기를 했으므로 힘 있는 형태가 빠져 있음에 대해서 거듭 설명할 필요가 없을 것이다. 이제 방향을 바꾸어 색채의 결핍에 대해 새로 붓을 들어야겠다. 이 점이 밝혀진다면 왜 그 민족이 선을 주된 표현 방법으로 삼았는가를 더욱 분명히 알 수 있을 것이다. (柳宗悅 1922)

야나기 무네요시가 「조선의 미술」에서 이렇게 적은 것처럼, 그는 단선적이고 색채감 없는 조선의 미학(김용덕 · 미야지마 히로시 2007)에 주목해 흰옷이 상복이며 쓸쓸하고 조심성 많은 마음의 상징이라고 보며 이윽고 색의 빈약이 생활의 즐거움이 없는 것에 기인한다는 논리를 전개한다. 역시 단조로움과 무색, 그리고 비애감이 연결되는 지점이다.

그런데 이에 비해 노리타카는 평면이 아닌 입체 예술에서 세계적으로 수위에 위치할 수밖에 없는 조선 예술의 특징을 천명하고 있다. 또한 백자의 흰색에서도 무색이 아닌 오묘하고 따뜻한 조선 특유의 휨을 발견한다.

요컨대 노리타카에게는 조선 고유의 미를 인정하고, 조선 예술과 문화의 파괴에 대해 비판하며 야나기 무네요시와 공명했다는 점에서 당시 조선 문화에 호의적이었던 일부 재조일본인들과 공통지점이 있다. 그리고 여기에서 더 나아가 조선 미술공예의 생명력과 생동감, 입체감을 강조하고, 실용과 예술을 분리시키지 않고 보려고 한 점에 노리타카 특유의 조선 문화관이 위치해 있다. 즉 백자나 조선의 목공예같이 실생활에서 사용되는 예술품의 가치를 발견하고 있다는 점, 그리고 그것이 단순히 재료로서의 흙이 아닌 문화가 뿌리내리는 향토 담론에 기반을 두고 있다는 점이 노리타카 조선 예술관의 독특한 부분이다.

더구나 문화상대론에 입각하면서도 일본인들에 의해 주장된 조선 문화 부정론을 극복하고, 조선 문화를 세계 문화의 측면에서 논한 점, 그리고 이를 어떻게 보존하고 발전시킬지를 진지하게 모색했다는 점도 노리타카 조선 문화론의 구체적인 특징이라 할 수 있다.

일제강점기 미술과 음악, 문학을 망라한 한반도의 전 예술 분야는 서구적 문화양식의 외피를 갖추어 입음으로써, 사실상 근대적 보편주의의 대열에 합류하게 되었고 내면적으로도 문화적 정체성을 발양할 구체적인 방안을 모색할 수 있었다(김미영 2009). 그런 의미에서 『아침』은 상당히 중요한 의미를 갖는 매체인데, 서양의 '예술'이라는 개념과 기준에 의거하면서도 중국이나 일본과는 확연히 구별되는 조선 고유의 특색과 미를 여러 분야에서 주창했기 때문이다.

이렇듯 『아침』은 '조선색'을 강조한 시가와 수필 등의 문예물, 음악과 미술이라는 세 범주에서 조선 예술을 종합적으로 논했다. 그리고 이 잡지의 표지부터 사진, 혹은 삽화 커트에 이르기까지 노리타카에 의해 제공된 백자가 주요 소재로 사용되어 조선 예술품의 대표 주자로 배치된 것을 확인할 수 있다. 또한 언어를 매개로 하여 이미지가 환기된다는 점에서 노리타카의 평론은 주목할 만하다. 백자로 대표되는 조선의 미에 대해 이전 시대, 혹은 동시대 다른 재조일본인들이 가진 정적, 단선적, 불안감, 비애의 미라는 프레임에서 벗어나, 생명력, 안정감, 입체감, 실용성에서 우수한 예술로서 가치평가했기 때문이다.

이처럼 노리타카는 조선 문화의 특징과 미질(美質)에 대해 동시대 재조일본인들과 공감하면서도 나름의 특색 있는 관점을 지녔다. 1920년대 조선 예술 담론은, 야나기 무네요시를 정점으로 하여 아직 소수의 인물들에게만 초점이 맞춰져 있다. 그들의 조선관이 지닌 특수성과 한계(高崎宗司 2014)까지 시야에 넣고 재조일본인들의 다양한 입장과 시선을 수용하면서 향후 후속 담론이 이어져야 할 것이다.

참고문헌

김미영, 「회화와 문학의 비교매체론」, 『한국현대문학연구』 제28집, 한국현대문학회, 2009.

김용덕·미야지마 히로시 공편, 『근대교류사와 상호인식Ⅱ』, 아연출판부, 2007.

김현아, 「식민지시기 유입된 일본어 도자공예 용어가 現도자공예 용어에 미친 영향」, 『일본연구』 제62호, 한국외국어대학교 외국학종합연구센터 일본연구소, 2014.

노유니아, 「조선미술전람회 공예부의 개설 과정에 대한 고찰: 전람회를 통한 근대 공예 개념의 형성과 확산」, 『미술사논단』 제38집, 한국미술연구소, 2014.

도미타 야스코, 「근대 일본의 공예가와 '조선'」, 『한국근현대미술사학』 제27집, 한국근현대미술사학, 2014.

엄인경, 「한반도의 일본 전통시가 잡지의 유통과 일본어 문학의 영역: 단카(短歌)·하이쿠(俳句)·센류(川柳) 잡지의 통시적 전개」, 『동아시아의 일본어잡지 유통과 식민지문학』, 역락, 2014a.

엄인경, 「일제강점기 재조일본인의 '향토' 담론과 조선 민요론」, 『일본언어문화』 제28집, 한국일본언어문화학회, 2014b.

이치야마 모리오 저, 엄인경 역, 『조선의 자연과 민요』, 역락, 2016.

정수진, 「근대적 의미의 조선 문화·예술」, 『한·독사회과학논총』 제15권 제1호, 한독사회과학회, 2005.

淺川伯教, 「李朝陶器の価値及び変遷に就いて」, 『白樺』 9月号, 1922.

淺川伯教, 「李朝白磁の壺」『朝』 創刊号, 京城: 朝鮮芸術社, 1926a.

淺川伯教, 「正月と旅行」, 『京城雑筆』 83号, 京城: 京城雑筆社, 1926b.

淺川伯教, 「高麗白磁鳳首水差」, 『朝』 第2号, 京城: 朝鮮藝術社, 1926c.

淺川伯教, 「鮮展雑感」, 『朝』 第2号, 京城: 朝鮮藝術社, 1926d.

飯野正仁, 「「陶片を讀む」淺川伯教の朝鮮陶器研究」, 『山梨英和大學紀要』 9, 山梨: 山梨英和大學, 2010.

李尙珍, 「淺川伯教と朝鮮—植民地期の朝鮮陶磁研究を中心に—」, 『人間文化論叢』 第7巻, 東京: お茶の水女子大學, 2004.

市山盛雄, 『眞人』 第4巻 第1号, 京城: 眞人社, 1926.

上杉美恵子, 「父·淺川伯教の思い出」, 『回想の淺川兄弟』, 東京: 草風館, 2005.

嚴仁卿, 「朝鮮半島における植民地日本語文學の本流—朝鮮で刊行された日本伝統詩歌資料をめぐって」, 『跨境·日本語文學研究』 創刊号, ソウル: 高麗大學校日本研究センター, 2014.

倉橋藤次郎,「朝鮮工芸の東洋文化に於ける地位」,『朝鮮の陶器』, 東京: 啓明會, 1934.
小山富士夫,『茶碗·朝鮮第一第二巻』, 東京: 平凡社, 1965.
高崎宗司,『定本「妄言」の原形—日本人の朝鮮觀』, 長野: 木犀社, 2014.
難波專太郎,「馬鹿と壺との趣味」,『朝鮮風土記』, 京城: 大阪屋號書店, 1928.
編輯子,「朝の窓から」,『朝』創刊号, 京城: 朝鮮藝術社, 1926.
柳宗悅,「朝鮮人を想ふ」,『讀賣新聞』, 東京: 讀賣新聞社, 1919.
柳宗悅,「朝鮮の友に贈る書」,『改造』6月号, 東京: 改造社, 1920.
柳宗悅,「朝鮮の美術」,『新潮』1月号, 東京: 新潮社, 1922.
山田新一,「西洋畫評」,『朝』第2號, 京城: 朝鮮藝術社, 1926.

5장

조선의 문화 유적을 지키다

광화문아, 너의 존재는 얼마 있지 않아 스러진다. 그러나 스러져서는 안 될 존재를 위해 나는 이 글을 쓴다. 이렇게 해서 나는 특별히 진하고 선명한 먹으로 쓰기를 게을리 하지 않으려 한다. 지상의 시야에서 너의 모습이 사라진다고 해도 나의 이 글은 적어도 지상 어딘가로 전해질 것이다. 나는 끝까지 너를 기념하기 위해 이 추도문을 대중 앞에 보내는 것이다. 광화문아, 사랑하는 문아, 죽어서는 안 될 그 길이 닥쳐오니 틀림없이 애통하고 분한 심정이려니. 나는 네가 겪지 않으면 안 되는 고난과 외로움을 생각한다. (柳宗悅 1922)

조선총독부 신청사를 짓기 위해 광화문 철거 논의가 불거졌고 이에 극력 반대하며 1922년 『개조』와 『조선일보』에 글을 실어 파장을 일으켰던 야나기 무네요시의 일화는 유명하다. 이러한 야나기의 절절한 호소를 비롯한 여론으로 인해 결국 광화문이 해체되지 않고 이전하는 것으로 결론이 난다. 그런데 이 광화문으로 상징되는 조선적인 건축, 문화 유적을 지키고 보존해야 한다는 인식은 단지 야나기 무네요시 단독의 심정이 아니라 경성에 거주하는 그가 노리타카, 다쿠미 형제와 더불어 공감하고 있었던 일종의 사상이었음을 잊어서는 안 될 것이다.

이렇게 광화문을 철거에서 지켜 낼 수 있었던 것에는 야나기 무네요시 개인의 역량과 발언력이 주요했음을 무시할 수 없겠지만, 조선 문화에 대한 가치를 공유하고 그 보존을 위해 힘써야 한다는 비슷한 생각을 가진 동료들이 있었기에 그 호응도와 파급력은 한층 커다란 힘을 받았다. 앞에서 보았듯 야나기 무네요시와 아사카와 형제의 각별한 친교는 1910년대부터 이미 시작되었으며, 야나기 무네요시의 조선 및 조선미에 대한 관심과 이해는 아사카와 형제에 의해 촉발된 것이라고 해도 과언이 아니다. 그리고 노리타카는 야나기 무네요시가 관여한 일본의 문예 잡지 『시라카바』만이 아니라, 한반도 내에서도 저술의 장정이나 미술 및 문필 활동을 매개로 하여 한반도 내 지식인과 이러한 교유권을 널리 구축하고 있었다.

이번 장에서는 노리타카의 문필활동과, 그가 교유한 커뮤니티를 대상으로 하여 조선의 문화 유적을 지키기 위해 노리타카와 재조일본인들이 어떠한 노력을 했는지에 초점을 맞추고자 한다. 조선의 문화 유적은 일제강점기 내내 제국 일본의 다양한 통치논리에 의해 파괴 및 훼손된 것이 사실이다. 따라서 그 대표적인 분야로 조선의 건축과 자연, 음악을 중심으로 하여 이들을 파괴하고자 하는 논리를 뛰어넘어, 조선의 문화가 가진 가치와 아름다움을 이해하고, 이를 지켜야 한다고 주장한 노리타카와 그와 교유했던 재조일본인들의 노력과 논리를 살펴보자.

조선 건축물 옹호론

앞 장에서 다룬 노리타카와 예술 관련 종사자들은 대부분 식민지 조선의 미술, 음악, 문예 방면에서 활발히 활동한 재조일본인이다. 『아침』이 일본어 매체였던 만큼 조선 예술에 대한 인식이나 예술품의 소개를 재조일본인이나 조선인뿐 아니라 일본 본국에 전하는 기능도 담당했다. 그래서 이 잡지에 수록된 재조일본인들의 예술 관련 글은 조선 예술과 예술작품에 대해 그들이 어떠한 태도를 취하고 있었는지를 알 수 있는 알맞은 자료인 셈이다.

눈에 보이는 유형의 조선 예술품에 대한 수필이나 비평을 보면 그 대상은 주로 백자, 조선 건축, 회화였다. 대표적인 예로 유명한 미술가 가토 쇼린(加藤松林, 1898~1983)은 『아침』에 수록한 「조선의 풍속화」라는 글에서 조선 예술에 대해 다음과 같이 말했다.

> 언젠가 야나기 무네요시 씨는 조선의 예술은 선의 예술이며 '지상의 불안은 적막한 마음을 유도하고, 적막은 동경의 마음에 이끌리며, 추구하는 것은 땅에 적막이 가득 차는 것이 아니라 하늘에서 대기'하는 것으로 결국 미래를 연모하는 마음 표현이라고 말했는데, 여기에는 나도 깊이 동감함과 동시에 나아가 조선 예술은 불안과 우울의 표현이며 자연의 적료함이 원인이라고 생각합니다. (加藤松林 1926)

가토 쇼린은 1918년 경성으로 이주하여 1920년대에 조선 화단에서 부동의 지위를 구축하고 조선 왕실에서 그림 지도를 담당하는 등 조선 미술계에서 가장 중심적으로 활약한 화가였다. 일본 귀국 후에도 한일 친선과 미술 교류에 힘썼으며 1963년 한국 정부가 공식적으로 초청한 최초의 일본인이었다(이치야마 모리오 편 2016a). 가토는 야나기 무네요시의 조선 예술관에 "깊이 동감"하는 상태에서 조선 예술을 서술하고 있다. 그러면서 조선 회화의 대표자로 혜원 신윤복을 지칭하며, 예술적 가치는 대단하지 않지만 "향토의 차이와 시대의 간격이 특수한 향기를 가지고 육박하므로" 매우 흥미로운 화가라고 언급했다. 또한 조선의 밝음과 적적함이라는 특성을 사랑하며 조선 생활의 불안과 동경이라는 감각이 매력을 발한다고 평가하고, 이것이 결국 조선의 "단조롭고 심심"함이라는 특성에서 온다고 인식하면서 재조일본인들에게 보다 조선에 애착을 가지고 조선의 자연과 풍경, 풍속을 그릴 것을 촉구했다.

가토는 여기에서 일본, 중국과 다른 조선적 미의 특수성을 지적하는데, 그 내용이 막연하고 추상적이라는 한계를 지닌다. 가토가 전문적인 글쟁이가 아닌 화가이기 때문에 나타나는 한계일 수도 있겠지만, 이 글 곳곳에서 보이는 소극적 평가와 추상성은 부인할 수 없다.

그런데 야나기 무네요시의 조선 예술에 대한 관점의 영향을 수용하면서도 가토보다 조선의 美의 특수성을 더 적극적으로 전개하고 있는 글이 있는데, 당시 경성공업학교 교수였던 후지시마 가이지로(藤島亥治郎, 1899~2002)의 「조선 건축을 대상으로 하여」이다.

후지시마 가이지로는 건축사가로 도쿄제국대학 건축학과를 졸업하고 조선으로 건너와 1924년부터 경성공업학교 교수로 재직했다. 『아침』 제2호에는 그가 1926년 6월부터 경성을 떠나 양행(洋行), 즉 구미 각국으로 유학을 간다는 소식이 실렸는데, 그는 유학에서 돌아온 뒤 1929년부터 1960년까지 도쿄제국대학의 교수로 재직했다. 조선에서의 경험을 토대로 하여 1930년대에 「조선건축사론(朝鮮建築史論)」을 『건축잡지(建築雜誌)』에 7호에 걸쳐 연재하기도 했다(東京文化財研究所 2005). 또한 조선의 보물, 고적, 명승지, 천연기념물 보존회 위원을 역임하면서 한반도 건축에 관한 조사와 보존활동을 전개했다.

후지시마는 이 글에서 조선 예술의 일례로 건축을 들고 "세상이 조선 건축에 대해 냉담"한 현상에 대해 안타까움을 표하며 조선의 불상이나 도기를 비롯한 공예품들이 조선 예술에서 수위를 차지하는 예술임을 인정하고 있다. 오래된 건축물과 유적은 1910년대부터 조선 예술과 등가로 인식되었는데 후지시마의 이러한 지적은 그러한 맥락을 그대로 계승한다. 그는 지금까지 조선 건축에 대한 논의는 학술적 관점에서 고고학적, 역사적 보고에 불과하고 실제 그 아름다움[美]이나 고유한 맛[味]을 미의식이라는 관점에서 다루지 못했다고 지적한다. 이 글에서 조선 건축에 대한 후지시마의 생각을 분명히 파악할 수 있는 다음의 인용 부분들을 눈여겨볼 만하다.

> 구체적으로 세상이 조선 건축과 직접 마주쳐 본다면 그 독특한 맛도 알게 될 것이라 생각합니다. 그리고 그것과 일본이나 중국의 건축을 비견해서 생각할 때 점점 그 느낌이 강조되지 않을까 생각합니다. 그 결국의 맛은 조선의 민족적 정조가 일본이나 중국의 민족적 정조와는 또 다른 것을 지니는 것과 완전히 같은 성질임을 알 수 있습니다.

> 조선의 건축을 본 사람은 이 기분을 알 것이라고 생각하는데, 가련하고 섬세한 조선 사람들의 느낌이 여실히 배어납니다. 예전에 야나기 무네요시 씨

가 이조 도자기의 선이나 색, 그 위에 드러난 문양의 느낌이 몇 백 년이나 되는 세월을 외국으로부터 억눌리고 밀려온 이 세상에 아무런 희망도 동경도 없는, 어쩔 수 없이 하늘을 동경하고 다음 세상에 희망을 잇고 사라져 가는 덧없는 사람들의 정조라고 하신 적이 있습니다만, 나는 이 반도 사람들이 오랜 역사 동안 그 정도로 염세적 종교감을 통렬히 맛보았는지 어떤지는 잘 모르겠지만, 적어도 그에 가까운 슬픔과 안타까운 한탄을 무자각 속에 가지고 있었다고 생각하지 않을 수 없습니다.

특히 후원의 굴뚝이나 돌담 … 두 번 다시 얻을 수 없는 것들뿐인데 해마다 파손되고 또는 자멸해 갑니다. 애석해해도 부족한데 아무런 이론조차 나오지 않는 것은 세상 사람들이 이러한 것에 아무런 취미도 이해도 없기 때문입니다. 조금 더 이해했으면 좋겠습니다. 또한 이것이 조선 예술 보존의 첫걸음이 아닐까 생각합니다. 나는 우수한 조선 건축 보존법이 하루라도 빨리 실시되었으면 하고 희망합니다만, 그 기초적 첫걸음으로서 널리 세상 사람들—조선인이든 내지인이든 막론하고—조선 건축의 애무와 동정을 얻고자 굳이 여기에 글을 쓴 것입니다. (藤島亥治郎 1926a)

첫 인용문의 앞에서 후지시마는 조선의 건축은 일본이 세계 목조건축에서 가장 우수하다는 점과 중국의 건축이 도자기같이 매끈한 느낌을 주는 데 비해 조선의 건축은 흙을 빚어 만든, 온돌집의 흙냄새를 지녔다고 비평했다. 여기에 연결하여 인용문에서는 이러한 특징을 고유한 민족성에 기반을 두어 중국과 일본에 비해 독특하고 매우 다른 것이라 인식하고 있다.

두 번째 인용 부분에서는 가련하고 섬세한 조선미의 특색을 말하는데,

후지시마가 조선 건축에서 느끼는 미의식은 야나기 무네요시가 이야기한 '비애의 미'라는 애상감을 그대로 수용하고 있다. 희망도 동경도 없는 염세적 종교의식, 슬픔과 안타까운 한탄 같은 표현이 그것을 증명한다. 야나기 무네요시가 말한 '비애의 미'를 중심으로 한 조선 예술관이 이후에 어떻게 평가되고 수용되었는지, 나아가 어떻게 비판되어 왔는지에 대해서는 한일 연구자들에 의해 비교적 그 공과가 상세하게 평가된 바 있다(김용국 2003).

이 글 전체를 통해 후지시마가 말하고자 하는 의도는 세 번째 결론부의 인용에서 보이듯, 조선 건축의 훼손과 파괴에 대한 비판, 그리고 조선 건축에 대한 "애무와 동정"의 촉구다. 미학적 관점, 그리고 식민지 지배자의 시선이라는 측면에서 후지시마의 견해는 분명 문제일 수 있고 향후 더욱 치밀한 접근이 필요하다. 다만 이 글에서는, 조선 건축이 순수 미적 비판에서 보자면 여러 측면에서 결점이 드러나 있음에도 불구하고 조선 건축 곡선의 형태적 아름다움을 찬탄하며 우수한 조선 건축 보존법이 하루라도 빨리 시행되기를 간절히 희망하고 있다는 점은 주목해야 할 것이다.

후지시마는 『아침』 제2호에서도 「영추문을 애도하며」라는 평론을 통해 조선 건축 특유의 미와 그것의 소실에 대한 안타까움을 영추문(迎秋門)의 소실이라는 구체적 사례를 들어 기록했다.

> 영추문의 붕괴는 말할 수 없는 쓸쓸함을 내 마음에 안겨 준다. 그 문은 경복궁의 모든 건축 중에서 특히 아름다운 것이었다. 그것이 지금은 없다. 무상함이란 그저 사람에게만 오는 것이 아니었다.
>
> 그 문은 순식간에 정리되어 버렸지만, 그 문이 무너져 가는 것을 진정 눈물로써 바라볼 수 있었던 사람은 과연 몇이었을까? 이 문을 알고 있는 많은 사

람들은 열에 아홉은 이 문의 소실에 대해 공동변소가 정리된 것보다 별것 아닌 일로 생각하고 지나 버렸을 것이 틀림없다.

…

건축이 예술적 소질을 가진 이상, 아름다운 건축은 언제까지고 상완하고 싶다. 그것은 단지를 만지고 그림을 보는 것과 같은 마음으로 할 수 있는 일이다. 다른 미술품이나 공예품은 형태가 작은 만큼 예를 들어 단지 같은 것은 예전에는 실용상 필요했지만, 오늘날에 실용적이지 않은 것이라도 상완하고 보존되는데, 건축은 덩치가 큰 만큼 이쪽으로 적잖이 불리하다. 더구나 건축의 감상에 관한 적당한 지도자가 없으니 결코 그 건축의 가치는 일반인에게 인정을 받지 못한다.

…

조선에는 조선 특유의 미가 있다. 건축에도.

…

이러한 사업[조사와 연구를 통한 재건 등의 사업—인용자]은 예술적 방면으로는 가벼운 우수를 띤 로컬 컬러를 영구히 전하며, 학술적 방면에서는 사적 내지 고고학 건축사학적 방면보다 실증적 연구재료를 영구히 전한다. 그러고 나면 그 밖의 조선건축은 어찌 되든 괜찮다. 방해가 되는 것은 대개 부수고 자꾸자꾸 문화적 시설로 만들면 된다.

지금 두려워하는 것은 아무런 미적 사적 비판 없이 조선 건축을 하나같이 보잘 것 없는 것이라고 가볍게 조처해 버리고 파괴적 태도로 나오며 장래에 후회를 남길 경우가 있지는 않을까 하는 점이다.

…

이제 영추문은 없다. 건춘문도 돌담이 뒤집어섰나. 신무문도 일부 담이 무

> 너졌다. 기타 궁전 내의 건축도 상당히 중요한 것인데 위태로운 것이 한도 끝도 없다. 가능하다면 조선 왕궁의 가장 장대한 유구인 이 궁전의 건물 하나라도 많이 남겨 두었으면 한다. 나는 단순히 영추문만을 애석해하는 것이 아니다. 이를 하나의 예로 삼아 향후 경계하고자 한다. 방기하면 앞으로 몇 년 되지 않아 그 상당수를 잃을 조선의 아름다운 건축에 대한 주의를 촉구하고 싶다. (藤島亥治郎 1926b)

가까운 곳을 통과하는 전차의 진동으로 인해 석축이 붕괴되어 결국 1926년 철거된 경복궁의 서문(西門) 영추문을 소재로 그에 얽힌 추억과 예술적 가치를 논한 것이다. 도자기나 공예품보다 몸집이 큰 점에서 불리한 조선 건축에도 분명 "조선 특유의 미"가 있으며, 조선 특유의 색채에 대한 보호나 보존이 필요하다는 것을 상기시킨다. 일정 기준에 의해 재건될 건물은 재건하고 그 외에는 부수어 문화시설로 만들어 버려도 된다는 부분에서 식민 지식인의 난폭한 시선이 노정되기는 하지만, 당시와 같은 무턱대고 파괴적인 태도를 경계한다는 맥락이 전달되고 있다. 전체적으로는 조선 왕궁의 보존 가치를 공유할 사람들이 없다는 안타까움이 주된 논조라 하겠다. 그러면서 새로운 총독부 신청사 건립에 수반하여 "이윽고는 광화문도 다른 곳으로 옮겨지고 좌우 대조하여 아름다웠던 경복궁 전체의 구조는 이렇게 거의 훼손"될 것이라는 데에 비판 의식을 보이며 조선의 미를 지닌 건축물의 소실에 경계와 주의를 촉구했다. 당시 경복궁의 서문이었던 이 문에 대한 어느 재조일본인의 애도문이라고도 할 수 있겠다. 글과 함께, 지금은 결국 사라진 조선의 건축 예술인 영추문의 사진이 수록되어 있다.

이처럼 가토와 후지시마 같은 미술과 건축 관련 예술계 유력 인사들의 조선 예술에 대한 견해를 통해 조선 예술에 대한 재조일본인들의 관점을 다음과 같이 정리할 수 있다.

그림 5-1
『아침』에 수록된 당시 영추문 사진

첫째, 이들은 중국이나 일본과 구별되는 다른 조선 고유의 미를 인지하고 조선 예술의 특수성을 규명하려 했다. 둘째, 그러한 고유의 미를 간직한 건축 같은 유물과 예술품이 다양한 방식으로 파괴되는 것에 대한 안타까움과 비판적 시각을 지니고 있었다. 셋째, 그들이 가진 조선과 조선의 예술에 대한 미의식이 주로 애상과 적적함, 단선적인 비애의 미를 주조로 했다는 점에서 야나기 무네요시의 조선 예술관에서 크게 영향받았다고 할 수 있다.

이를 노리타카의 그것과 비교해 보면 재미있는데, 노리타카가 조선 고유의 미와 조선 예술의 특수성을 인정하고 그러한 유적에 대한 파괴에 비판적 시작을 가진 점에서는 공통점을 보인다. 하지만 앞서 백자에 관한 노리타카의 글에서도 알 수 있는 것처럼 단선적이거나 평면적인 애상의 미보다는 내적인 '생명력'과 '입체감'을 가진 것으로 평가하고 있다는 점에서 차이를 보인다고 하겠다.

이처럼 1920년대 중반 무렵의 노리타카는 조선 고유의 미술과 건축의 가치를 평가하고 그 훼손을 안타까워하며 비판한 일부 재조일본인과 생각을 공유하면서도, 조선의 미에 대한 독특한 관점과 시각에 있어서는 이채를 띠는 존재였다.

조선 자연 옹호론

노리타카가 가깝게 교유한 재조일본인 중에서 이치야마 모리오(市山盛雄)라는 인물을 거론하지 않을 수 없다. 이치야마 모리오는 만주를 거쳐 얼마 후, '깃코만'으로 유명한 노다(野田)간장주식회사로 이름이 바뀌는 니혼(日本)간장주식회사의 경인지역 책임자로서 1922년 한반도에 온 실업가였다. 이치야마는 일본 전통 시가(詩歌) 문예에 지대한 흥미를 가진 인물이어서 1923년 자신의 단카(短歌) 작품집 『옅은 그림자(淡き影)』를 펴냈고 1924년에는 한반도에서 가장 큰 단카 결사인 진인사(眞人社)를 창립하는 등 일본의 노래인 단카를 한반도에서 널리 창작되게끔 한 장본인이자 '조선 가단(歌壇)의 개척자'로 일컬어진 중요 인물이다. 이 진인사와 노리타카의 관계가 상당히 밀접했는데 이에 관한 상세한 내용은 다음 장에서 본격적으로 다룬다.

어쨌든 진인사와 노리타카가 밀접한 관계가 된 데에는 이치야마라는 인물의 역할이 절대적이다. 그것을 가장 확실히 엿볼 수 있는 것이 1927년 간행된 『조선 민요의 연구(朝鮮民謠の硏究)』라는 단행본인데, 이 단행본의 편자는 이치야마이고 노리타카는 여기에 「조선 민예에 관하여(朝鮮民芸について)」라는 글을 수록하고 있다(이치야마 모리오 편 2016b). 또한 노리타카가 이 책의 장정을 담당했을 뿐 아니라, 이치야마가 소장한 고려백자 단지의 사진과 이를 찬탄하는 나가타 다쓰오(永田龍雄)의 단카가 다섯 수 권두가로 제시되어 있는데 이 부분을 보더라도 진인사와 노리타카와 밀접한 관련성이 잘 드러난다.

고려백자 단지

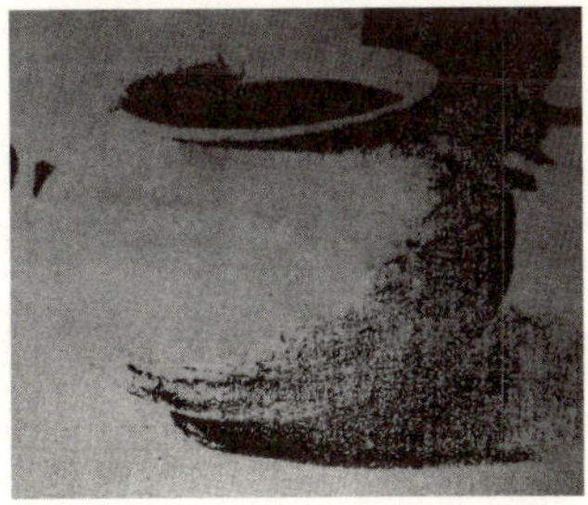

그림 5-2
이치야마 모리오가 소장한 백자 단지

고려의 백자 단지 둥그스름한 배는 선선한
광택을 머금은 채 앉아 있는 듯하네.

젖가슴 이룬 단지의 완곡함이 고귀하구나
새하얀 고려자기 표면은 매끄러워.

사랑스러운 단지를 앞에 두고 마주 앉았네 단지의 오랜 세월 나는 갖지 못했지.

이 단지 안의 숨결은 고요하고 나도 그러해 이러한 심정으로 세상 살 수 있다면.

차가우면서 매끄럽게 오로지 빛나고 있는 백자로 보이지만 생명 깃들어 있네.

이것은 무용연구가로 이름난 나가타의 단카인데, 이 단카에서 보이는 백자 단지의 곡선미와 광택, 그리고 그에 깃든 생명력을 노래하는 부분은 노리타카가 앞서 「이조백자의 단지」에서 서술한 내용과 일맥상통한다. 이렇게 백자 단지의 시각적 아름다움으로 시작하는 이 책에서 노리타카는 조선의 민요에 관해 글을 써 달라는 이치야마의 요청을 받고, 민요, 동요, 전설, 향토 미술을 크게 '민예'로 본다며 '조선 민예'에 관한 자기 생각을 기술하고 있다.

그 환경에서 생활하는 사람들은 또한 그곳에서 태어난 예술을 가진다. 이것은 사람들이 그 토지에서 생활하기에 좋은 것을 만들어 내거나 그 토지 특유의 재료를 사용하고, 잘 때나 깨어 있을 때나 암시적으로 이 환경이 그 사람들을 생장시켜 가므로, 부지불식간에 조금씩 그 땅 특유의 것으로 성장해 간다. 이러한 분위기에서 공예가 태어나고 민요가 탄생한다. 공통된 사상이 이 지구의 표면에 싹트며, 동일한 목적하에 정치가 이뤄진다. 이러한 일이 일어날수록 지방적 특색이라는 것을 잃는다면 잘못이다.

향토적 특색이 공통 사상에 반한다고 생각하는 것도 잘못이다. 환경을 망각하고 탄생한 것이 있다고 하면 그것은 태어난 것이 아니라 근본 없는 차용물이다. (아사카와 노리타카 2016)

노리타카는 이렇게 토지 특유의 분위기를 중요하게 생각했으며 이러한 향토적 특색을 잃어서는 안 되고 여기에서 비로소 특유의 공예나 민요가 탄생한다고 보았다. 여기에서 명백하게 '향토적 특색'을 '공통 사상'이라는 개념에 대비시키는 것은 잘못이라고 지적하면서, 아마도 '중앙'적이고 '일본' 중심적인 사상을 일컫는 '공통 사상'으로 모든 것을 수렴시키는 오류를 경계하고 있다. 문화의 다양성을 존중하고 다양하게 발달하는 것이야말로 인류 생활의 윤택함과 생명력, 변화를 보장하는 것이라고 하는 그의 주장에서, 당시 일본 중심의 획일화된 기준과 잣대를 조선에 적용하여 폄하해서는 안 된다는 우회적인 뜻을 읽을 수 있다.

그러한 지적과 더불어 노리타카는 민예에 관해 이렇게 정의한다.

민예란 인민의 예술이며 평민의 예술이다. 왕의 예술이라는 것이 있다고 한다면 그에 비해 소박하고 누추한 느낌이 있는 듯 보이겠지만, 민예는 극히

> 자연스러워 언제 만들었다고 할 것도 없이 생겨난 것이다. 그리고 그 토지 사람들의 마음이나 생활에 깊이 부합하기 때문에 다른 곳에서는 사라질지라도 그 땅에서만은 건전하게 발달하고 존재하게 된다.
>
> 그리고 그 땅의 자연이나 기풍을 상징하는 것으로서 구체적인 모습으로 표면에 드러난다. … 상당히 거대한 것이라도 모방에 불과하다면 세계적으로 존재 가치가 없겠지만, 민예는 존재 가치를 명료히 가지고 있다.
>
> 꾸밈이 없는 맨땅 위에 생명이 있고 건전함이 있으며 출발점이 있다. (아사카와 노리타카 2016)

어디까지고 맨땅과 토지를 생명의 출발점으로 인식했던 노리타카의 민예에 대한 생각이 잘 드러나 있다. 노리타카는 조선의 문화를 이분화된 것으로 나누어 생각한 듯하다. 왕의 예술을 가장(家長)이나 양반과 비슷한 선상에 놓고 이러한 예술은 중국의 형식을 잘 유지하고 있는 점에 특징이 있다고 규정했으며, 이에 대조되는 것으로 가장 외의 다른 가족, 양반 앞의 평민들이 가진 예술을 꼽았는데, 노리타카는 이렇게 지적한다.

> 그러나 우리에게 육박해 오는 예술적 효과는 중국의 그것과 완전히 다른 것이었다.
>
> 그뿐 아니라 오랜 역사를 가진 이 땅에는 어느새 인정받지 못한 민예 속에서 특유한 형태가 태어났다.
>
> 괴로운 생활 속에서, 붉은 흙 속에서, 맑은 공기 속에서, 변화가 많은 기후 속에서, 특수한 가옥이 태어나고 온돌이 나타나고 목기가 만들어지고 도자기가 탄생하고 노래가 발생했다.

이들은 모두 가장 조화롭고 서로 어울리는 것으로서 하나의 분위기로 포괄된다. 하지만 문명이라는 미명하에 개량이라든가 진보라는 이름을 어지럽게 써서 이러한 것들을 뿌리부터 뽑아내려고 한다. (아사카와 노리타카 2016)

노리타카의 조선 민예관이라고 할 만한 내실을 여기에서 발견할 수 있는 것은 아닐까? 어렵고 척박한 환경을 바탕으로 조선만의 특수한 건축과 온돌방과 목기, 도자기, 즉 노리타카가 조선 문화 중 가장 훌륭하고 세계적으로 자랑해도 손색이 없다고 말한 것들이 탄생한다고 언급하고 있다. 근대화에 앞장선 일본이 식민지 조선도 역시 근대화시킨다는 명목으로 뿌리 뽑으려고 한 것이 바로 조선의 특유한 형태의 민예였고, 노리타카는 그것이 허울뿐인 개량과 진보라며 비판했던 것이다.

그리고 민요에 관해서는 자신의 견해를 다음과 같이 피력하고 있다.

민요 쪽을 보면 나는 잘은 몰라도, 어디서나 비슷하게 그 지방의 기분, 그때 사람들 마음의 공통적인 외침이라고 할 만한 것이 자연스럽게 언제인지 모르게 생겨나고, 간혹 감수성 예민한 사람의 입에서 대표적으로 뿜어져 나온 것이 뭇사람들이 추구하는 바이거나 생각하는 바일 경우 이것이 민중의 마음이라고 하여 노래된다.

마치 고양이가 조용한 양지에서 그르렁그르렁 목을 울리며 따스한 분위기에 취하는 것처럼, 또는 배고픔을 느낀 아기가 천정을 바라보면서 옹알이를 하는 것과 비슷하다고 생각한다.

자연을 보고 민요가 탄생한다. 그것은 마치 새 울음소리를 듣고 뭐라고 울었는지 나라마다 다른 말로 표현하는 것처럼 사람들 마음에 각각 다른 울림으로 다가온다.

이것은 일례이지만, 안정적으로 자연에 잠기는 것을 좋아하는 조선인들은 다른 이들보다 조용히 새 울음소리 따위를 관찰한다. (아사카와 노리타카 2016)

민요의 탄생 경위, 즉 민중의 마음이 공통성 혹은 대표성으로 발생하게 되는 과정을 이러한 논리로 설명하는데, 여기에서 가장 눈을 끄는 표현이 바로 "자연을 보고 민요가 탄생한다"는 말이다. 조선 민예의 탄생지로서 조선의 자연이 결부되는 부분이다. 같은 새라도 일본과 한반도에서는 울음소리가 달리 들리고 달리 노래에 담기는 것은 환경과 토양으로서의 자연이 다르기 때문이라는 논리다.

노리타카가 이렇게 상대적으로 인식한 조선의 자연은 이치야마에게도 어떠한 영감을 주었던 모양이다. 이치야마는 이듬해에 다시 "조선의 자연(朝鮮の自然)"이라는 특집을 기획하고, 1929년 1월 『진인』의 7주년 기념호로 간행했다. 그런데 이 특집을 직접 기획한 이치야마는 조선의 자연과 민요의 관계에 대해 「느긋한 선이다」라는 글에서 이렇게 말한다.

조선은 선이 분명한 나라다.

선의 아름다움이 이 나라의 전부이다. 나는 항상 그렇게 생각한다. 적토산 사이를 누비며 흐르는 강의 선, 버드나무 나부끼는 봄 끝의 부드러운 선의 아름다움, 완만한 혹은 뾰쪽한 산악의 선이 푸른 하늘에 그려진다.

정원미가 부족한 이 나라에 천혜와도 같은 느긋한 선의 아름다움이다.

…

> 부두에, 역전에 몽유병자처럼 힘없이 방황하고 있는 젊은 지게꾼, 또는 소를 끌고 들길에서 돌아오는 젊은 노동자들의 입에서 노래로 나오는 아라랑 곡조다. 여운이 나긋나긋한 이 얼마나 애조를 띤 선율인가!
>
> 아라랑 노래는 아주 새로운 시대의 민요라고 한다. 이조 말기의 대원군이 경복궁 부흥을 계획하여 전국에서 부역 인부들을 징발했다. 사방에서 모여든 토민들 사이에 혹사(酷使)와 가역(苛役)에 대한 반감과 원망을 노래하는 신민요가 생겼다. 그 하나가 아라랑이라고 한다. 어쨌든 이 시대에 아라랑은 널리 퍼졌고 조선 민중의 마음에 깊이 파고든 모양이다. 하지만 나는 고려 초기인가 신라시대의 아라랑이라는 옛 노래를 어느 늙은 기생에게 듣고 완전히 반한 적이 있다. 그리고 그 쓸쓸한 음색 저변을 흐르는 느긋한 선이 바로 내가 느끼는 자연이었다. (이치야마 모리오 2016)

이치야마가 아리랑—여기에서는 아라랑이라고 하는데, 1920년대 당시만 하여도 후렴구가 아라랑인 버전이 꽤 있었다—같은 조선 고유의 정서를 담은 민요가 조선 특유의 자연이 그려 내는 선적인 미와 결부되어 있다고 지적하는 부분이 인상적이다. 그것이 느긋한 선으로서 매우 회화적이고 선적인 동양화를 연상케 하는 자연이라는 점에서 야나기의 조선미 인식이 이치야마에게도 이어지고 있다는 점을 확인할 수 있다. 아리랑으로 상징되는 곡조와 박자, 쓸쓸한 음색의 청각적 세계가 자연의 회화적이고 시각적인 세계로 대체되는데, 조선만의 특수한 자연 풍경이 갖는 매력에 깊은 애호가 드러난다.

조선의 민요라든가 동요라는 청각적 요소가 미술적인 자연의 미로 수렴된다는 점은 이치야마나 야나기와 공통되지만, 노리타카가 포착하는 생동감 있고 생명력 넘치는 입체감을 띠는 조선의 미와는 차이가 있다. 사실 어느 시점까지는 노리타카도 "조선의 자연"에 동참하는 집필자로서 거명되지만 실제로는 그의 글이 수록되지 않아서 그 자연관을 확인하지 못하는 점이 아쉬울 따름이다. 그래도 이치야마가 '조선의 민요'와 '조선의 자연'을 연구대상으로 하여 유력 문필가들에게 글을 요청하고 특집호를 기획하게 된 데에는 노리타카가 인지한 조선의 자연이 가진 독특한 아름다움이라는 인식이 분명 관계가 있었음에 틀림없다. 이치야마 역시 노리타카와 조선 문화나 음악, 예술에 대해 함께 의견을 나누던 교유권의 주요 인물이라는 점에서 그러한 추측이 가능하다.

노리타카의 조선 음악 옹호론

노리타카와 그의 교유권에 있던 재조일본인들이 조선의 문화로 지켜야 한다고 주장했던 것은 건축물과 자연, 아리랑 같은 민요만이 아니었다. 노리타카의 조선 문화에 관한 애착과 옹호론을 논할 때 『경성잡필(京城雜筆)』이라는 매체는 상당히 중요하다. 그런데 주요 재조일본인 문필가들과 유명 조선인 문인들이 참여한 한반도의 문예 전문잡지 『경성잡필』이 1920년대부터 1941년 폐간에 이를 때까지 여기에 노리타카가 꾸준히 여러 장르의 글을 실었다는 사실은 알려진 적이 없다. 1919년 3 · 1독립운동 이후 총독부가 '무단정치'에서 '문화정치'를 표방하면서 1920년대 들어 문예 잡지들이 봇물 터지듯 창간되었는데, 『경성잡필』은 그때 재조일본인뿐 아니라 조선인 중에서도 다소간의 문필 경력이 있는 지식인들은 거의 대부분이 참여했다고 해도 좋을 수필 전문 잡지였다.

이치야마는 이 잡지에 1925년 9월(79호)의 「홍수의 노래(洪水の歌)」라는 제목의 단카부터, 같은 해 12월(81호)에는 「노래 이야기(歌の話)」라는 수필, 1929년 11월(129호)에는 「고악기를 보며(古樂器を見つつ)」라는 제목의 단카, 1930년 9월(139호)에는 「한향(韓鄕)」이라는 제목의 단카를 실었다. 노리타카 역시 선전(鮮展) 조각가라는 신분으로 1925년 3월 「도기의 맛(陶器の味)」이라는 수필을 게재한 것을 시작으로 1940년에 이르기까지 여러 차례 수필과 단카를 수록했다.

1920년대 초반의 창간호부터 약 5년간의 『경성잡필』 현존본을 구하기 어려워 알 길이 없지만, 1922년경부터 노리타카와 이치야마는 조선에서 문예활동을 전개했으므로 아마 초기부터 두 사람은 지상(誌上)에서 만났을 가능성이 있다. 그러니까 어쩌면 노리타카와 이치야마가 가까워진 이유로 『경성잡필』이라는 매체가 모종의 역할을 했을지 모른다.

『경성잡필』에 수록된 노리타카의 첫 번째 수필에서 그는 백자의 매력을 어떻게 표현했을까? 「도기의 맛」 일부를 함께 읽어 보기로 하자.

> 도기의 맛은 밥의 맛과 같다. 말로 설명할 수는 없지만 먹어 보면 잘 알 수 있다. 그리고 같은 백자라고 해도 그 맛은 천변만화다. 그저 희다는 것으로는 끝나지를 않는다. 마치 밥에 365일 그 정도의 차이가 나오는 것과 같다.
>
> …
>
> 밥은 혀가 맛을 느끼지만, 도기는 눈이 맛을 느낀다.
>
> …
>
> 이조백자의 빛은 실로 따스하고 부드러운 빛이다. 이것은 영원한 상징이

며 봄의 어스름한 밤 달을 떠오르게 한다. 중국의 청자 단지는 깨끗하게 맑은 가을 달을 떠오르게 한다.

…

도기가 하등하다든가 품위 높다든가 하는 것을 잘못 이해해서는 안 된다. 예쁜 것 중에 하등한 것이 많고, 소박한 것 중에 품위 높은 것이 많다.

인간도 마찬가지다. 하등하냐 품위 높으냐를 직업이나 위치로 시가를 매겨서는 안 된다. 역시 맛으로 보는 편이 진실에 가깝다. (淺川伯敎 1925a)

이 글에서 노리타카는 도기의 맛을 '눈으로 느끼는 밥의 맛'이라고 비유하면서 가격으로 가치화할 수 없는 조선백자의 맛을 찬탄하고 있다. 이미 한반도의 도기로서 세계적으로 명성을 얻은 고려청자와는 차별화되는, 혹은 동등한 위치로 대조되는 백자의 미를 강조한 것이다. 이미 고려청자는 세계적으로 우수한 예술로서 이미 그 지위를 획득하고 있었지만(박소현 2006), 그 후발 예술품으로서 조선백자가 부각되어 조선 도자기 붐을 형성하게 된 데에는 이러한 노리타카의 평가가 야나기 무네요시나 버나드 리치(Bernard Leach) 등에게 감화를 준 영향이 컸을 것이다.

또한 노리타카는 『경성잡필』 1925년 9월호와 1926년 1월호에도 각각 수필을 통해 예로부터 일본인들의 도자기 애호의 이력과 일화를 소개하며 다음과 같은 공예론을 피력한다. 우선 수필 「고도 잡감(古陶雜感)」에서 노리타카는 예로부터 도자기 애호로 인한 유명한 일화들을 언급하면서 공예미술을 애호하고 보존하는 것은 다가올 시대에 우수한 예술품을 남기는 출발이라고 보았다. 그러면서 예술과 실용에 관하여 다음과 같은 의견을 피력한다.

> 미술을 사랑하고 이해하는 것을 한량의 유희처럼 생각하는 사람이 많은 곳에는 미술도 일어나지 않고 공예도 일어나지 않는다. 나아가 진정한 공업도 일어나지 않는다.
>
> …
>
> 그러한 실물들을 보고 그 근본을 바로잡아 보면 대개는 그 시대의 서민들의 일용품으로 그 시대에는 아주 값싼 것이었던 것 같다. 즉 현재 조선 사발의 위치에 있는 것으로 일반적으로 보면 조악하게 만들어진 것이지만 그 서툰 것에 극히 멋진 상태가 높은 것이 있다. (淺川伯教 1925b)

이 글은 앞서 살펴본 『아침』의 「이조백자 단지」와 거의 동시대적인 글들로 1920년대 노리타카의 도자기관이 담겨 있는데, 실용과 동떨어진 한정된 계층에 의해 유희처럼 상완되는 예술이 아닌, 서민의 일용품 같은 것에서 빚어지는 예술적 가치가 공예와 나아가 공업의 발전으로 이어질 수 있다는 말이다. 노리타카의 실용적 공예관이 잘 드러난 대목이라고 하겠다. 위의 인용문에서는 고려청자처럼 이미 감상용으로 미적 전통이 되어 버린 것과 달리, 사발이 서민의 일용품으로서 조악하고 값싸지만 그 서툰 멋을 높이 가치 평가하는 노리타카의 시선을 읽어 낼 수 있으며, 귀족적 예술품보다는 민예품에 애착을 보이고 그 속에서 예술적 가치를 찾으려는 예술관이 잘 나타나 있다.

다음 인용문은 앞 장에서도 잠시 언급한 적이 있는 「정월과 여행」이라는 수필이다. 문득 생각이 나면 훌쩍 집을 나서고 도자기 파편을 주워들고는 한없는 옛날을 떠올리며 어떤 섭리에 이끌림에 하염없이 감동을 받는 노리타카의 맨얼굴을 엿보는 느낌이다.

또한 고적이나 잘 모르는 해안에 서서 큰 운명에 휩싸여 지금의 내가 이 땅에 온 섭리의 불가사의에 감동받으며 깨끗한 마음이 되어 홀로 눈물을 흘리는 일도 있습니다.

…

1923년 12월 31일 밤에 규슈의 해안을 걸어 보고 싶다고 생각하여 한밤중에 집을 나섰습니다. 하지만 기차를 놓쳐서 제야의 종소리를 들으며 다시 집으로 돌아왔습니다. 설날 아침 첫 기차를 타러 집을 나서서 2일 새벽에 규슈 하카타에 도착했습니다. 정거장에서 하카타의 해안에 가니 마침 일출 시각이었습니다. 올해는 행운이 있기를 비는 마음이었습니다. 조용한 해안을 오가며 오래된 도기 파편을 줍거나 몽골의 유적을 보거나 먼 과거의 역사적 추상에 잠기며 해안을 따라 정처없이 걸어 정월 2일 하루를 보냈습니다.

…

여기 부락은 전부 조선인 자손으로 시마즈(島津) 공이 데리고 간 열일곱의 성씨가 다른 도공들 집단은 300년 동안 여기에서 다른 사람들과 결혼도 하지 않고 도공으로 일해 온 것입니다. 조선어 교과서도 있고 단군을 씨신으로 제사해 온 것입니다. 심 마사히코(正彦) 군 집으로 가서 여러 가지 신세를 졌습니다. (淺川伯敎 1926)

노리타카는 이 글에서 서민의 일상품으로서의 조선 도자기와 조선 도공의 유적 방문 경험을 통해 한일 간의 먼 과거의 역사적 추상(追想)에 잠긴 경험을 소개하고 있다. 1924년 연초에 규슈(九州)를 여행하며 오래전 임진왜란 때 도공으로 끌려가 사쓰마야키(薩摩燒)를 일으킨 심 마사히코(正彦)—제13대 심수관(沈壽官)—와 만나고, 모든 기술과 재료는 조선 전래의 것

그림 5-3
심수관의 히바카리 다완

이고 불만 일본 것을 사용했다 하여 명명된 '히바카리(火ばかり)' 자기를 보게 된 일, 아리타(有田)에 들러 조선의 귀화인 이삼평(李三平)의 가마터를 본 일 등을 회고한다.

이처럼 1920년대 중반에 이미 조선백자를 비롯한 도자기 연구가로서 상당한 입지를 갖게 된 노리타카는 뜻밖에도 조선의 전통문화, 특히 음악과 관련하여서도 상당한 애착을 갖고 있었다. 이는 1927년 1월 역시 『경성잡필』에 발표된 「분라쿠 극장과 조선의 아악(文樂座と朝鮮の雅樂)」이라는 글을 통해 잘 드러난다. 1926년 조선의 아악을 폐지한다는 움직임이 일었을 때 『경성일보(京城日報)』에서 그 애석함을 표현한 한 논설이 게재되었는데, 이 논설에 촉발되어 노리타카가 쓴 것이 바로 이 글이다.

『경성일보』 논설에 조선의 아악이 중지되는 것을 애석해하는 마루야마(丸山) 씨의 글이 보였다.

그로부터 이틀 지나 분라쿠 극장의 소실을 애석해하는 글이 『아사히신문』에 실렸다. 이러한 일들은 정말 그렇다고 생각한다. 분라쿠 극장은 불에 탔으니 어쩔 수 없지만 그러나 이런 일은 다시 일어날 가능성이 있다.

조선의 아악 쪽은 중지되면 그것으로 끝이다. 잠수함의 공기를 보내는 관을 뚝 끊은 것이나 마찬가지다.

오랫동안 동양에서 살며 이상하게도 조선이기 때문에 남았던 그 전통[아악—인용재]을 더구나 지금 세상에서 단절시키다니 무슨 일인가?

…

부디 중지하는 것이 아니라 대대적으로 번성하게 하였으면 한다. 음악에 흥미를 가진 사람은 경성에 대단히 많고, 종종 음악회가 열리면 반드시 성공한다고 해도 좋을 정도의 장소니까. (淺川伯敎 1927)

발췌한 인용부만 보더라도 노리타카가 조선에만 유일하게 남은 아악의 전통을 단절시키려는 시도를 강력한 어조로 규탄했음을 알 수 있다. 노리타카는 1926년 12월의 『오사카아사히신문』에 프랑스 대사가 일본의 분라쿠(文樂, 인형극) 극장 소실 사건에 대해 쓴 논평과 대조하여, 조선의 아악을 중단하는 것에 대한 개탄을 강하게 표명했다. 일본의 분라쿠가 위대한 예술인만큼 조선의 아악도 측정할 수 없는 깊이의 생명과 영구성을 갖는 위대한 예술이라 역설하며, 조선 아악의 폐지는 후세와 세계 인류로부터 원망을 받을 손실이라고 다음과 같이 개탄하는 것이다.

향토가 낳은 불가사의한 예술, 그것은 그 향토에 대해 오래도록 뿌리를 내리고 있을 뿐 아니라 그 향토와 존재를 함께 하며 성장할 가능성도 가장 확실한 것으로, 향토의 꽃이어야 한다. … 아악과 같은 것은 이럴 때 한층 개방시켜 상설 아악관이라도 만들어 번성하게 했으면 한다.

…

동양의 음악 흐름이 가늘어도 오래전부터 조선에 여러 세상 변천을 면하여 [아악만이—인용재] 유일하게 남아 있다. 그것이 서기 1927년에 그 흔적을 끊게 된다고 하면 세계의 다른 곳에는 없는 무엇과도 바꿀 수 없는 것을 잃은 손실에 대해 오래도록 후세들에게 원망받게 되지 않겠는가?

…

그러한 의미에서 말하자면, 조선의 아악과 같은 것은 이 토지의 소유물도 왕가의 소유물도 아니며 인류의 소유물 보존을 위탁받은 것이라 생각해야 한다.

…

우선 발 아래[=조선 땅—인용자]에 다 퍼낼 수 없는 샘이 있다는 것을 알아야만 한다. 그리고 그것에 의해 키워지고 스스로를 살게 해감으로써 마음의 생활과 환경을 풍요롭게 해야 한다. 주위의 산이나 건물, 도기나 목공품, 이러한 것들에도 아악과 마찬가지로 그 땅이 아니면 맛볼 수 없는 깊은 것이 있다. (淺川伯教 1927)

주목할 점은 그 보존의 근거를 "향토가 낳은 불가사의한 예술, 이것은 그 향토에 대해 오래도록 뿌리를 드리우고 있을 뿐 아니라, 그 향토와 존재와 더불어 성장할 가능성이 가장 확실한 것으로 향토의 꽃이어야 한다"라고 향토론에 입각하여 조선 예술 보호를 피력하는 점이다. 향토의 부각이 당시 조선 예술의 애호와 조선다움을 표현하는 논리에 얼마나 중요했는지 새삼 다시 강조된다. 이 글에서도 함경도에 가마터를 순례하던 중 북청에서 새로운 역사(驛舍)가 조선의 전통색을 잘 살린 일화를 곁들이고 있다는 점에서, 노리타카가 조선 고유의 특색 있는 문화를 향토론의 연장선상에서 인식하고 있다는 것을 드러내고 있다. 이는 위의 인용문에서 "발 아래", 즉 조선 땅이라는 향토에 면면히 전통의 샘이 흐르고 있다고 표현한 것과 같은 맥락이다.

1922년 야나기 무네요시가 언론을 통해 광화문 이전에 항의한 사실은 그가 조선 문화에 얼마나 애착을 가지고 지키려 했는지를 잘 보여 주는 유명한 일화다. 이러한 일화가 아사카와 형제와 밀접하게 연관되어 있다는 것도 잘 알려진 바다. 더불어 여기에서 새롭게 소개한 『경성잡필』의 이 글을 통해 그가 다양한 형태로 논해 온 조선 문화론을 고찰할 수 있다. 노리타카는 1920년대 내내 향토론에 입각하여 도자기를 비롯한 조선의 예술품과 아악 같은 조선 문화에 관한 애착과 보호론을 관철하고자 했다. 즉 조선의 오랜 역사에 토대하고 향토성과 전통에 기반하여 태어난 조선 아악에 대한 옹호론을 통해 노리타카의 조선 예술에 대한 폭넓은 애착이 분명하게 드러난다.

이렇게 살펴보면 1920년대 중반 조선 예술의 범위로 규정되었던 미술, 음악, 문예라는 큰 세 가지 카테고리는, 곧 노리타카가 활동한 세 가지 영역과 그대로 이어진다.

첫째, 노리타카가 당시 미술가로서 공예가로서 그리고 조선 도자기 연구가로서 지닌 명성은 말할 나위도 없을 것이다.

둘째, 조선의 민요와 아악 같은 음악적 장르 역시 얼마나 귀한 가치를 가지며 보호되어야 할 의미가 있는지, 바쁜 현지 조사의 활동에 매진하고 있던 시기에도 주요한 문예 매체를 통해 기고한 글들을 함께 읽으며 정리해 보았다.

그렇다면 셋째, 문예 장르에서의 노리타카의 활약은 어떠했을까? 경우에 따라서는 에세이 같은 성격으로, 경우에 따라서는 비평과 논설문에 가까운 성격으로 이렇게 제시한 기고문 자체가 노리타카의 문예 분야의 참가라고 할 수도 있을 것이다. 그런데 노리타카는 어릴 적부터 일본 전통시가에 아주 친숙했고 하이쿠(俳句)와 단카 작품을 상당수 창작했으므로, 그의 문예활동의 근본적인 면모는 이러한 시가 창작에서 더 잘 드러난다. 당시 예술이라 일컬어질 수 있었던 미술, 음악, 문예라는 세 분야가 모두 노리타카의 활약 범주였다는 것을 고려하면 그가 조선 예술에서 매우 중요한 지점에 있었던 인물이었음을 알 수 있다.

이제 다음 장에서는 세 번째인 문예의 범주에서 노리타카의 활약상을 자세히 다뤄 보기로 하자.

참고문헌

박소현, 「'고려자기'는 어떻게 '미술'이 되었나—식민지시대 '고려자기열광'과 이왕가박물관의 정치학」, 『사회연구』 11집, 한국사회조사연구소, 2006.

아사카와 노리타카, 「조선 민예에 관하여」, 이치야마 모리오 편, 엄인경·이윤지 역, 『1920년대 일본어로 쓰인 조선 민요 연구서의 효시 조선 민요의 연구』, 역락, 2016.

이치야마 모리오, 「느긋한 선이다」, 이치야마 모리오 편, 엄인경 역, 『조선의 자연과 민요』, 역락, 2016.

이치야마 모리오 편, 엄인경 역, 『조선의 자연과 민요』, 역락, 2016.

이치야마 모리오 편, 엄인경·이윤지 역, 『1920년대 일본어로 쓰인 조선 민요 연구서의 효시 조선 민요의 연구』, 역락, 2016.

淺川伯教, 「陶器の味」, 『京城雜筆』 73号, 京城: 京城雜筆社, 1925.

淺川伯教, 「古陶雜感」, 『京城雜筆』 79号, 京城: 京城雜筆社, 1925.

淺川伯教, 「正月と旅行」, 『京城雜筆』 83号, 京城: 京城雜筆社, 1926.

淺川伯教, 「文樂座と朝鮮の雅樂」, 『京城雜筆』 95号, 京城: 京城雜筆社, 1927.

加藤松林, 「朝鮮の風俗畵」, 『朝』 創刊號, 京城: 朝鮮藝術社, 1926.

金容菊, 「柳宗悅と朝鮮芸術論—日本人による柳の朝鮮(芸術)觀への評価·批判の槪觀」, 『大阪大學日本學報』 22, 大阪: 大阪大學文學部日本學硏究室, 2003.

東京文化財硏究所, 『日本美術年鑑 平成15年版』, 東京: 東京文化財硏究所, 2005.

藤島亥治郎, 「朝鮮建築を對象として」, 『朝』 創刊号, 京城: 朝鮮藝術社, 1926a,

藤島亥治郎, 「迎秋門を悼みて」, 『朝』 第2號, 京城: 朝鮮藝術社, 1926b.

柳宗悅, 「失われんとする一朝鮮建築の爲に」, 『改造』, 1922. 9.

6장

일본의 전통시가로 조선을 노래하다

단지의 아름다움은 눈으로 들어오는 음악이다.

아름다운 형태

아름다운 색

아름다운 그림

아침부터 밤까지 빛의 변화를 받아

삼부합창을 하고 있다.

— 아사카와 노리타카, 「단지(壺)」, 시의 일부.

노리타카는 조선 문화에 관한 애착의 심정을 일본의 전통시가인 단카(短歌)로 창작해 상당수를 남겼다. 물론 어릴 적부터 단카와 더불어 일본의 2대 전통시가인 하이쿠(俳句)도 여럿 지었고, 1920년대 전반기에는 백자 단지나 석굴암 같은 조선 문화의 상징물들을 제재로 한 장시(長詩)도 발표한 바 있다. 특히 1922년 9월호 『시라카바』에 게재한 「단지」라는 기나긴 시에는 조선의 도자기가 어떠한 점에서 매력적인지 다음과 같이 면면히 노래한다.

조선의 도기는
근대 예술에 좋은 암시를 지니고 있다.
삼도든 백자든
염색이든 진사든
이것을 칭찬하는 것은 결코 편향적으로 편을 드는 것이 아니다.
페르시아나 중국과 또 다른 맛이 있다.

조선 사람은
작의(作意)라는 것을 모른다.
자각이라든가 반성이라든가 하는 것보다도
더 본능적으로 단조로운 외골수다.
아이들이 그림을 그리듯 순수한 마음으로 만든다.
그래서 하나의 느낌이 끝까지 이어진다.
이성보다 정이 이기는 예술
같은 것을 두 번 다시 만들 수 없는 예술
어른이 만든 아이의 제작. (淺川伯教 1922)

노리타카가 문예적 표현으로 그 아름다움을 노래한 것은 비단 조선의 도자기만이 아니었다. 경성에서 발표한 「석굴암의 숙소(石窟庵の宿り)」라는 장시에서도 석굴암 본존불의 아름다움에 조선의 미를 응축시켜 표현했다. 8연으로 이뤄진 이 시는 연의 시작이 모두 "지금 내 마음의 눈에는 / 그

승방 숙소에서의 하룻밤이, 생생히 떠오른다"로 시작한다. 이 시의 마지막 부분은 다음과 같이 마무리된다.

> 신의 말을 하는 석굴암이여 영구하라.
> 동양 사람들이여 깊이 네 마음의 고향으로 돌아가라.
> 당나라, 신라, 백제, 나라(奈良)
> 그것은 결코 제각각의 것이 아니다.
> 모두 그것은 하나의 흐름이다.
> 거대한 미의 선율이 모든 것을 깨끗이 하고자 소리 높여 운 그 자취를 보라.
> 석굴암이여 영원하라, 그리고 영원히 그 빛의 음악을 연주하라.
> 옛 성자의 기적처럼
> 너의 아름다움 앞에 맹인이 개안을 하는 날까지. (淺川伯教 1923)

중국과 한반도, 그리고 일본에 이르는 고대 문화가 하나의 흐름이라고 보는 것은 노리타카가 가진 동양사상 전체의 맥락에서 검토가 필요한 내용일 것이다. 하지만 1923년 시점에 동양 사람들의 마음의 고향으로 이 석굴암이 가진 음악적인 미를 중핵에 두고 노래하고 있음은 분명하다.

아사카와 형제는 일본에서 젊은 날 이미 기독교의 세례를 받고 죽을 때까지 그 신앙을 유지했는데, 노리타카는 이 시의 중반에서 "나는 시간의 경계를 잊고 / 지금 붓다가 살아계심을 느끼고 / 그리스도가 산으로 사람을 피하셨던 날을 생각한다"고 했다. "신의 말을 하는 석굴암"은 기독교나 불교라는 종파를 막론한 데다가 또한 일본에서 말하는 '야오요로즈(八百万)' 즉 팔백만이라 일컬어지는 온갖 신과도 다른 노리타카의 품 넓은 범신론을 표현하고 있다.

이렇듯 노리타카는 조선의 미를 상징하는 대상을 기나긴 시가의 형태로 표현했으며, 한편으로 문예물의 대표라 할 수 있는 이러한 시가 창작에 직접 참여했던 그는 한반도에서 간행된 수많은 단카 작품집(歌集)이나 문예 관련 잡지 및 서적의 표지를 담당한 장정가로서의 이력도 가지고 있다. 미술, 음악뿐 아니라 문예라는 예술의 한 분야에서도 노리타카의 족적이 분명히 남아 있는 것이다.

그런데 이처럼 노리타카가 당시 한반도의 일본 전통시가계와 깊은 관련을 가지고 있었음에도 불구하고, 한반도의 일본어 문학과의 관련 양상에 관해서는 지금까지 거의 이야기된 적이 없다. 따라서 이번 장에서는 잘 알려지지 않은 노리타카의 문학 관련 활동상을 매개로 해 조선 전통문화의 미(美)가 한반도를 무대로 한 일본어 전통시가, 특히 단카계의 동향과 어떻게 결부되는지, 즉 노리타카 안에서 문예가 백자 단지와 어떻게 예술로 묶이는지를 새롭게 들여다보자. 이 과정에서 노리타카의 가장 전문 분야라 할 수 있는 조선의 백자 연구가 문학과 예술의 접점에 어떻게 위치하면서 '조선색(朝鮮色)'의 대표적 표상으로 자리 잡게 되는지 그 단서를 읽을 수 있을 것이다.

물론 '조선색'을 둘러싼 담론은 분명 간단히 정의하거나 혹은 처리하기 어려운 역사적 의미를 갖지만, 이 장에서는 노리타카가 1936년 2월호 『경성잡필』의 '조선색'이라는 특별란의 고문(顧問)으로 제일선에 위치했던 당시 한반도의 문화적 콘텍스트와 그 도달점까지 시야에 넣기로 한다. 이를 통해 1920년대부터 1930년대에 걸쳐 '조선색'을 구상화하고자 한 일군(一群)의 재조일본인 교유권을 조감하고, 그 안에서 노리타카의 역할과 식민지 조선에서 조선 문화와 관련된 그의 1930년대 중반까지의 활동상을 새롭게 조명해 볼 것이다.

일본 전통시가와 도자기

식민지기 한반도에서 창작, 유통된 일본어 문학 가운데 가장 두드러지는 문단 활동을 보인 분야는 소설 같은 산문이 아닌 하이쿠나 단카, 시 같은 일본의 시가 장르였다. 특히 하이쿠나 단카, 센류(川柳) 등의 일본 고유의 전통시가 작품집이나 전문 잡지가 수십 종에 이를 정도로 1920년대부터 1930년대에 걸쳐 상당히 많이 간행되었다. 여기에서는 간행물의 표지화나 작품 소재로서 도자기가 상당히 많이 사용되었다는 점에 주목한다. 이것은 어떠한 의미이며 노리타카는 이와 어떻게 연관되는지 생각해 보고자 한다.

단카는 5·7·5·7·7 다섯 구 서른한 글자, 하이쿠나 센류는 5·7·5 세 구 열일곱 글자로 창작되는 일본의 정형 단시이자 세계적으로 유명한 일본 문학의 대표 장르다. 그런데 뜻밖에도, 일본의 전통시가로 조선적인 것을 드러내는 소재나 풍물은 일본에 의해 한반도가 강제 병합되기 이전인 1900년대 초엽부터 상당히 많았으며, 일제 말기라고 일컬어지는 1940년대까지도 꾸준히 노래되곤 했다.

그러한 제재 중에 청자나 백자 같은 도자기를 소재로 한 것들을 대상으로 한 작품들을 먼저 읽어 보고, 그 표지에 그려진 도자기의 그림들도 살펴보기로 하자.

우선 한반도에서 창작된 일본어 전통시가에서는 1920년대까지 백자나 도기 같은 말은 노래되지 않았고, 인사(人事), 즉 세속적 대중시로 여겨지는 센류(川柳) 장르에 '사발(砂鉢)'의 등장이 보일 뿐이다.

술집에서는 술독과 사발 들고 기다린다네.

1922년 일본어 시가작품집으로는 한반도에서 처음 간행된 『조선 센류(朝鮮川柳)』에 수록된 구(句)이다. 센류는 하이쿠와 17글자라는 외형은 같지만 계절어가 필수가 아닌 점에서 구별된다. 『조선 센류』라는 책의 주해(註解)에서는 '사발'에 대해 "조선인의 밥그릇이다. 일본식 밥그릇의 서너 배 크기로 다소 깊다. 조선인은 여기에 밥을 가득 담아 소반상의 밥을 먹는다"고 해설하는데, 주해에서든 센류 작품에서든 예술품으로서의 자기라는 인식은 아직 전혀 느껴지지 않는다.

감상할 만한 대상으로서의 도자기는 1930년대의 대규모 작품집에서 종종 마주하게 된다. 예를 들어 조선, 조선인, 조선의 풍물, 조선적인 것을 소재로 한 3,000여 수 이상의 단카를 모은 한반도 최대 단카 작품집 『조선 풍토가집(朝鮮風土歌集)』에는 '신라 토기'나 '고려 자기'를 노래한 단카가 수록되어 있다. 이 가집은 노리타카가 표지화를 그리고 장정을 담당했으며 본인의 단카도 여러 수 수록하여 그 중요성이 상당한데, 노리타카의 단카는 뒤에서 다시 언급하기로 한다.

여기에서는 먼저 조선 풍토를 구성하는 조선적인 것으로서의 제재로 오래된 토기, 고려청자나 이조백자 단지를 열거하고 있다는 것에 주목하고, 1930년대에 일본인들이 이를 어떻게 노래로 읊었는지에 초점을 맞추어 살펴보자.

거친 흙으로 만든 그릇의 모양 기울었으면 기울어 있는 대로 제 역할을 했겠지.

망설임 없는 머나먼 옛날 사람 만든 작업에 여유가 있는 날은 푹 빠져 노니노라.

객실 장식의 고려자기 단지에 꽃을 꽂았다 안 꽂아도 시원한 청자의 안정된 맛.

이 세 수는 모모세 지히로(百瀬千尋)라는 한반도에서 활동한 유명 가인(歌人)의 단카로, 앞의 두 수는 신라 토기를 다루었고, 세 번째는 고려자기를 노래한 것이다. 신라 토기는 당연하지만 시기적으로 매우 오래된 것이라 초기의 거친 흙의 질감이 드러나고 기우뚱한 모양이었을 것이다. 그럼에도 모모세는 여유 있는 날에는 그 신라 토기의 투박함에 푹 빠져 노닌다고 했으므로, 신라 토기는 구식 그릇에서 감상의 대상으로 가는 과도기적 유물로 인정되었던 듯하다. 그에 비해 고려청자는 명백히 장식의 공간에 꽃과 어울리는 상완의 대상으로 그려져 있다. 다른 가인들에 의한 단카에서도 이러한 면이 잘 드러난다.

고려자기의 옹기에 꽂아 놓은 앵두 열매가 크구나 보노라니 아이가 먹고 있네.

— 이시이 다쓰시(石井龍史)

고려자기의 청자로 된 단지에 수선화 매화 예쁘게 꽂혀 있고 한 해 가려고 한다.

— 우시오 류시치(牛尾龍七)

무섭기만 한 황천의 꿈이라도 꾸고 있었나 고려청자의 모습 가엽기도 하구나.

— 야마지 하쿠우(山地白雨)

땅 아래에서 팔백 년이나 지난 오랜 이야기 들려주기라도 하게나 고려청자 단지여. — 야마지 하쿠우

고려청자는 야나기 무네요시의 비애의 미라는 감각의 영향을 받은 것인지, 저승 꿈이라도 꾸었냐며 청자의 모습을 가엽고 애처롭게 바라보는 시선도 느껴진다. 하지만 전체적으로는 앵두가 열린 가지나 수선화와 매화를 꽂꽂이해 놓기에 적합한 것이었던 모양이다. 1937년 3월에 나온『가집 조선(歌集朝鮮)』에서도 하쓰타 다케요(初田竹代)라는 여류 가인이「오래된 단지(古き壺)」라는 제목으로 단카를 수록했는데, 이 단지도 고려자기다.

오래전 세상 사람도 만졌겠지 고려의 단지 그 둥근 곡선미에 손을 대어 보았다.

어떠한 꽃을 꽂으면 어울릴까 조금 떨어져 들여다보는 고려 단지의 차분한 맛.

아버지께서 집에 사들고 오신 오래된 단지 쳐다보기 좋구나 꽃을 꽂지 않아도.

꽃을 꽂아도, 꽂지 않아도 둥근 곡선의 아름다움이 보기에 좋고, 오래전 과거의 손길을 느끼는 감상의 대상으로 아버지가 사오신 고려자기 단지를 바라보는 여성을 볼 수 있다.

고려청자는 물론이고 백자 단지를 노래한 단카는 더욱 많아 앞서 언급한『조선풍토가집』에서「단지」라는 제목으로 22수나 수록되어 있으며, 그

첫 두 수는 당연하게도 아사카와 노리타카의 단카다. 그의 단카는 3절에서 종합적으로 다루기로 하고, 여기에서는 노리타카 외의 재조일본인들이 백자 단지를 어떻게 문학적으로 노래했는지 읽어 보자. 먼저 가치 있는 백자 단지를 구입하고 수집하는 습관이 당시 상당히 유행하고 있었음을 알 수 있는 노래들이다.

살 사람 찾는 단지 상인이 입은 하이얀 옷이 저녁 문 앞에 날이 지는데 남아 있네.

— 도쿠노 쓰루코(德野鶴子)

선반 위에는 크고 작은 모습의 여러 가지의 이조 시대 단지에 햇빛 화창하구나.

— 도쿠노 쓰루코

나갔던 길에 문득 사버리게 된 오래된 단지 잘 샀다 칭찬받고 어찌나 기쁘던지.

— 도쿠노 마사시(德野眞士)

이 단지 좋은 이유를 듣고서는 바짝 다가가 혼자서 쳐다보니 어찌나 즐겁던지.

— 도쿠노 마사시

이 단카를 쓴 두 사람은 가족이었던 것 같은데, 단지를 팔러 다니는 조선 상인이나 상점이 있었고 살 만한 가치가 있다는 생각에 구입을 했다가 그것이 왜 괜찮은 물건이었는지 잘 아는 사람에게서 듣고 기뻐하는 마음이 솔직하게 단카에 드러난다. 그렇게 산 백자 단지가 하나 둘이 아니었는지 크고 작은 다양한 단지를 흐뭇하게 바라보는 모습도 그려져 있다. 집에 놓

아두고 바라보거나 과일이나 꽃을 담아 두는 것은 여성들에게 더 흔한 일이었는지, 여류 가인들의 백자 단지에 관한 단카가 아래와 같이 더 있다.

들고서 보고 앉아서 다시 보네 이 백자 단지 품고 있는 색과 빛 깊이 가라앉음을.

— 고노 도모코(河野友子)

엄청난 세월 묻혀 있던 것인가 이 백자 단지 밑바닥에서 아직 흙의 내음이 나니.

— 고노 도모코

나뭇가지 채 백자의 단지 안에 던져 넣어 둔 알맹이 작은 밀감 밝은 빛 띤 것 본다.

— 가와다 미쓰코(河田光子)

그리고 앞서 나온 바 있는 진인사의 대표 가인들도 역시 노리타카의 영향을 받은 듯 백자 단지에 관한 단카를 여러 편 지었다. 그들의 백자에 대한 감각은 어떠했을까?

조선 시대의 백자로 된 단지가 띠는 깊은 맛 스스로 간직하는 그 깊이를 아끼네.

이조 시대의 단지가 스스로 지닌 백자 깊은 맛 얼마나 깊이 있는 차분한 느낌인가.

이조 시대의 백자로 된 단지는 보고 있으면 쓸쓸한 것이구나 여겨질 때가 있어.

— 이상 세 수는 미치히사 료(道久良)

백자 단지에 그려 넣은 간소한 그림의 필력 지금은 없는 도공 생명을 떠올린다.

하얀 흙으로 빚은 단지가 뿜는 둔탁한 광선 물끄러미 보노니 생명이 담겨 있네.

— 이상 두 수는 이치야마 모리오(市山盛雄)

한반도에서 활약한 진인사의 가장 대표적인 가인 둘을 꼽으라면 역시 이치야마 모리오와 미치히사 료라고 할 수 있다. 그들은 조선적인 단카, 조선적인 노래를 1920년대부터 지향했고 오랜 시간 동안 실제 조선색 풍부한 단카를 창작하려고 애썼던 사람들이다. 이들의 백자 단카에서는 "깊은 맛"과 "생명"이 강조되는데, 특히나 이치야마는 노리타카와 친교가 깊었던 만큼 백자 단지에서 이름 모를 옛 도공의 생명, 단지 자체의 생명력을 느끼는 유사한 발상을 보인다.

같은 자리에 화폭을 걸어 두고 장식 단에는 이조백자 단지에 꽂아 둔 가을풀꽃.

— 나고시 고후(名越湖風)

비에 젖어서 서둘러 집에 가는 어머니들의 머리 위의 단지는 색이 아름답구나.

— 와시무라 구레하(鷲村暮葉)

이러한 단카를 보더라도 풀과 꽃을 꽂아 두어 그림과 마찬가지로 감상하는 위치에 놓인 백자 단지는 상당히 일반적이었던 듯하다. 또한 완전히 감상용이 아니라 조선의 여인네들이 머리에 이고 실용물로써 사용하는 단지에서 아름다움을 포착하는 단카도 있어서 고려청자와는 다른 백자의 기능과 미가 구현된 것을 볼 수 있다.

이러한 단카 창작은 일제강점기 한반도에서 이뤄진 가장 활발한 일본어 문예활동의 하나였다. 단카의 작품집을 가집이라고 하는데, 가집의 제목을 정하거나 표지화를 그려 넣고 장정을 하는 작업은 그 가집의 정체성을 가장 일목요연하게 보여 준다는 사실은 두말할 필요도 없다. 가집의 표지에 무엇이 그려지는가로 가인이 드러내려는 바가 표명되는 것은 오늘날 서적의 표지 기능과 크게 다르지 않다. 당시의 가집 제목과 표지그림에도 한반도에서 창작, 혹은 발신되는 것이라는 의식을 담아내는 소재가 사용되곤 했던 것은 물론이다.

1937년에 『가집 마쓰노미(歌集松の實)』라는 개인 가집의 발문에 해당하는 글에 다음과 같은 내용이 있다.

> 장정은 선생의 의견에 따라 가능하면 조선색을 드러내는 것으로 하고 약간 어두운 조선 포목상의 가게에서 찾아낸 수목(水木)이라는 조선 독특의 황목면을 사용하고 속표지도 또한 해당 지역 특유의 생록지(生漉紙)에, 조선 고대의 문양을 표현한 것이다. (磯部百三 1937)

장정은 표지를 포함한 책의 외형에 관한 작업인데, 여기에서 보듯 조선색을 드러내기 위한 소재와 문양에 대해 각별히 신경을 썼다는 것을 알 수 있다.

앞에서 고려청자의 단카를 지었던 모모세 지히로도 1933년 개인 가집인 『종로풍경(鐘路風景)』을 간행했다. 그는 진인사와 다소 라이벌적 입장에 있던 버드나무사(ポトナム社)라는 단카 결사의 대표적 인물이었는데, 이 가

집의 제목인 종로뿐 아니라 표지 디자인이 고려시대 벽화인물인 것에서도 조선발 단카인 것을 표현하고 있다.

그뿐 아니라 1936년 『낙랑(樂浪)』이라는 가집에서도 이와 비슷한 점을 지적할 수 있다. 이 가집의 발문에서는

> 장식 없는 이조의 그릇, 쪽빛 가라앉은 당초의 항에 맡긴 채 옛 사람들이 영위한 공예에 반하여 노는 여유에서야말로 깊이 인간 세상의 삶의 숭고함을 행복히 여긴다. 힘쓸 곳 없는 것의 교묘함, 절실하게 떠오르는 생명의 적막함, 여기에 저자는 반도 문화의 일면을 상징할 책무를 떠맡은 한 사람이다. (德野鶴子 1936)

라고 하여 조선색의 상징물들인 그릇, 쪽빛, 공예를 거론하고, 이것이 한반도 문화를 표상하는 의무를 가진 사람이 드러내야 할 당연한 요소라고 말하고 있다. 이렇게 고려청자나 이조백자 단지 같은 도자기야말로 한반도 문화의 대표주자로 표지에 등장하기에 적절한 대표적 소재가 되었다.

한반도에서 간행된 가집의 표지와 장정은 바로 이 점에서 노리타카, 백자와 긴밀히 이어진다. 그가 20세기 전반기 한반도에서 멀티플레이어로서 여러 분야에서 활동했다는 것을 지금까지 살펴봤지만, 이 단카라는 문예 창작과 가집이나 잡지의 장정 분야에서도 활약이 매우 두드러졌기 때문이다.

전통시가 서적의 장정과 도자기

한반도에서 멀티플레이어적 예술가로서 활동한 노리타카의 주요 영역 중 하나는 서적의 장정 분야다. 한자로는 '裝幀' '裝訂' '装丁' 등으로 표기하는 장정은 책의 겉장이나 면지(面紙), 도안, 색채, 싸개 따위의 겉모양을 꾸미는 것을 말한다. 엄밀히 말해 표지화 그림 작업과 장정 작업이 분리된 경우도 있지만 어쨌든 일제강점기 한반도에서 간행된 서적의 표지화와 장정 분야에서 노리타카와 일본 전통시가 가인들은 단순한 접점을 넘어 긴밀한 관계였음을 확인할 수 있다. 다카사키 소지도 노리타카의 다재다능함 중 하나로 장정가로서의 재능을 언급하는데, 다만 그 예가 이와나미서점(岩波書店)에서 출간된 『청구잡기(青丘雜記)』(1932)와 조선 예술 잡지 『아침』 2종에 머물러 있다(高崎宗司 2015). 그러나 이외에도 1940년대에 이르기까지 그가 한반도에서 장정가로서 이름을 올린 서적의 수는 헤아릴 수 없이 많다.

그중 가장 대표적으로 한반도에서 창간된 단카 전문잡지인 『진인』에 표지화를 1924년 2월부터 1937년 12월까지 14년간이나 해마다 제공했다. 앞서 언급한 1926년의 조선 예술 잡지 『아침』보다도 2년 이상 먼저인데, 1924년 1월호의 『진인』 편집후기에 "아사카와 노리타카 씨로부터 표지화를 증정받았는데 인쇄에 늦었다. 2월호를 장식하기로 했다"고 되어 있다. 이때부터 노리타카는 진인사에 매년 한 장의 그림을 제공했고 『진인』은 매월호마다 색을 바꿔 노리타카의 그림을 1년간 표지화로 사용했던 것을 확인할 수 있다.

〈그림 6-1〉은 1926년에 1월에 간행된 『진인』 제4권 제1호의 표지그림으로 앞과 뒤의 겉표지와 속표지 그림 모두 노리타카가 그렸나. 경성에서

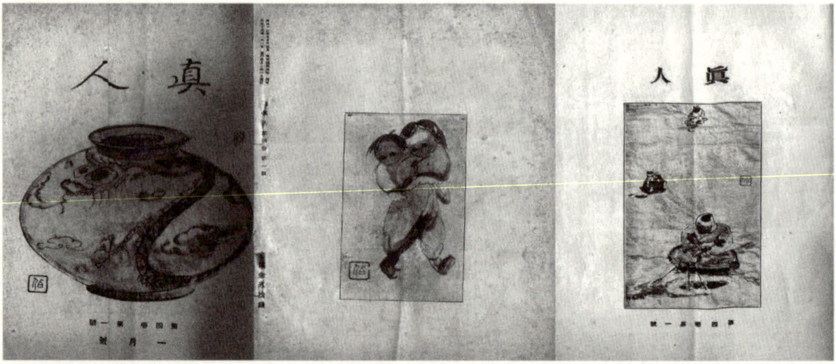

그림 6-1
『진인』(1926년 1월호) 앞과 뒤표지, 그리고 속표지의 노리타카 그림

그림 6-2
1927년부터 1930년까지 노리타카가 그린 『진인』의 백자 표지화

1923년 7월 창간된 단카 전문잡지 『진인』은 1930년대 초반 이후 중심인물이었던 이치야마 모리오가 일본으로 귀국하게 되면서 잡지의 중심점도 역시 도쿄 진인사로 옮겨지는 변화를 겪지만, 1937년에 이르기까지 여전히 한반도의 백자 단지 그림을 계속 표지화로 사용했다. 노리타카가 그린 『진인』의 표지화를 나열하면 〈그림 6-2〉와 같다.

14년간이나 월간지의 표지화를 장식한 노리타카의 백자 단지 그림은 그의 트레이드마크가 되기에 충분했다. 이처럼 노리타카가 『진인』의 표지화로 백자 그림을 제공하게 된 데에는 초기 진인사의 대표적 편집자였던 재조일본인 가인 이치야마 모리오와의 관계가 작용했다. 이 배경에는 앞서 거론한 『경성잡필』이라는 매체의 역할이 컸을 것이라 보이는데, 이에 관한 또 하나의 방증으로 가미오 가즈하루(神尾弌春)가 1928년 발행한 가집 『사키모리(さきもり)』의 표지를 들 수 있다.

그림 6-3
『사키모리』의 표지화

가미오는 조선총독부의 학무과장으로 『경성잡필』에 꾸준히 글을 게재한 사람인데, 그의 개인 가집의 표지 그림에도 조선백자가 그려져 있다. 이 가집에는 판권지가 없어 상세한 장정가나 표지 그림에 관해 알기 어려우나, 백자 그림 오른쪽 아래의 마크가 노리타카가 평소 그의 그림에서 사용하는 것과 같은 것으로 보인다.

한반도의 단카를 주도한 단카 결사 진인사와 노리타카의 각별한 연계는 1920년대부터 1930년대까지 이어졌다. 가장 주요한 예로는 앞서 살펴본 1927년 1월 『진인』 5주년 신년기념 특집호인 「조선 민요 연구」에 노리타카가 기고한 「조선 민예에 관하여」라는 글을 들 수 있다. 노리타카는 이 글에서 민요, 동요, 전설, 향토 미술이 크게 보아 민예의 범주에 들며, 특유의 지방적 환경을 배경으로 하여 탄생하는 공예와 민요가 같은 뿌리에서 나오는

그림 6-4
『보리꽃』의 속표지 그림

것이라는 입장을 견지했는데, 이러한 조선 민예에 관한 입장은 앞서 아악에 관해 『경성잡필』에 기고한 수필과 향토론에 입각한 점에서 일맥상통한다.

그리고 표지 장정을 매개로 한 진인사와 노리타카의 관계는 1929년 9월 진인사가 간행한 난바 센타로의 가집 『보리꽃(麥の花)』에서 난바 센타로가 서문에 노리타카에게 감사를 표하고 권두화에 노리타카의 백자 그림과 그의 마크가 표기된 것에서도 확인할 수 있다.

1922년부터 1930년에 이르는 9년 동안 제2의 고향으로 인식한 한반도를 떠나며 이치야마 모리오가 생활의 기록과 애착으로 간행한 가집 『한향(韓鄕)』(1931)의 장정 역시 아사카와 노리타카가 담당했다. 이치야마가 일본으로 귀국한 이후 1930년대에도 경성의 진인사와 노리타카는 지속적으로 연대했는데, 그 바통을 이어받은 것은 가인 미치히사 료(道久良)이다. 1934년 『진인』 12주년을 기념하여 나온 대규모 가집 『조선풍토가집』의 장정을 담당한 것도, 1937년 "조선의 자연과 인간에 대한 한 없은 사랑에서 조선의 노래는 태어나야 한다"는 권두언을 내걸고 미치히사가 편집한 『가집 조선』 표지 안의 그림을 제공한 것도, 모두 노리타카였다.

이외에도 노리타카는 남산음사(南山吟社)의 센류 전문잡지 『센류삼매(川柳三昧)』의 표지화와 1940년 경성에서 미치히사가 주재한 단카 전문 잡

그림 6-5
『센류삼매』의 표지화

그림 6-6
『아침』(1940)의 표지화

지 『아침(朝)』의 표지화도 그리는 등, 1930년대에는 한반도의 대표적 일본 전통시가 잡지의 표지화를 전담하다시피 했고, 그 잡지들을 모태로 하여 간행된 문예 작품집의 장정도 도맡았다. 『아침』의 표지화는 아사카와 다쿠미의 저서로 유명한 조선의 소반을 소재로 하고 있어 노리타카가 소반에 대해 가졌던 관심이 동생의 저서 『조선의 소반(朝鮮の膳)』(1929)과 밀접하게 연계되어 있음을 추측케 한다.

1932년 두 신문기자 출신의 공저자가 쓴 장편소설로서 경성에서 단행본으로 간행된 이례적인 작품 『마지막 회전(最後の廻轉)』의 장정 역시 노리타카가 맡았다. 이 책은 당시 경성에서 신문사에 근무하던 두 기자가 경험에 근거하여 쓴 합작 장편소설로 한반도 일본어 문학사에서 매우 이채로운 작품인데, 이 책 첫 장에는 저자들에 의해 “그리운 추억으로 나의 ‘조선’에

바친다"는 권두언이 적혀 있다. 또한 야마기시는 저자 후기에서 "혹서의 시기에 장정을 맡게 되시어 빈약한 이 책에 비단을 장식해 주신 아사카와 노리타카 선생님에게 경의를 표합니다"라고 밝혀 놓았다.

조선에 대한 애정이 어느 정도였는가에 대한 평가는 차치하더라도, 일단 작자들의 조선에 대한 애정의 표현을 결정짓는 것으로서의 장정 작업이 노리타카의 전문 영역으로 확고히 자리 잡았다고 볼 수 있다.

이상에서는 노리타카의 백자 그림이나 조선적인 것을 묘사한 그림들과 진인사를 위시한 한반도의 전통 시가 문단이 공유한 지점을 살펴보았다. 요컨대 노리타카의 백자 그림이 한반도의 전통시가 전문 잡지인 『진인』의 표지화로 오랜 시간 자리함으로써, 한반도에서 간행되는 문예서적에서 조선의 향토색과 조선적인 것을 표방하는 방식으로서 노리타카의 표지화와 장정 채용이 공식화된 것이다. 여기에서 조선 도자기 연구의 신으로까지 일컬어진 노리타카의 장정가 이력이, 백자 단지 그림을 조선의 가장 대표적 표상의 반열에 올린 과정을 확인할 수 있다.

노리타카의 단카와 조선의 미

노리타카는 조선 전통문화나 도자기에 관한 조사와 수집뿐만 아니라 하이쿠, 단카 같은 일본의 전통시가 분야에서도 문학적 재능이 있었다(赤岡武 1997). 노리타카는 하이쿠 작가였던 가부라안(蕪庵) 8세 할아버지에게서 어릴 적부터 문학적 영향을 받았다. 가부라안이란 18세기 후반에 활약한 고미 가쓰리(五味可都里)의 하이쿠 호로, 8세에 이르기까지 약 150년간 이어졌는데 이 8세가 바로 노리타카의 할아버지였고 1931년 그의 사망으로 끊긴 상태였다. 다카사키 소지 씨는 노리타카가 조선으로 오지 않았다면 가부라안 9세가 되었을 것이라 추측한다(高崎宗司 2015).

노리타카와 친교가 깊었던 하마구치 요시미쓰(浜口良光) 역시 노리타카 사후, 잡지 『민예(民芸)』의 1964년 3월 추도호에서 「하이쿠 작가 노리타카 종장(俳人伯教宗匠)」이라는 글을 통해 "도자기의 노리타카 선생, 미술의 노리타카 선생을 모르는 사람은 없다. 하지만 하이쿠 작가 노리타카 종장을 아는 사람은 드물 것이다"(高崎宗司 · 深澤美惠子 · 李尙珍 編 2005)라며 그의 하이쿠 작가로서의 내력과 특징을 짤막하게나마 소개하고 있다. 그러나 앞에서 지적했던 것처럼 그의 행적과 업적을 소개한 수많은 글들이 있음에도 불구하고 노리타카가 창작한 일본 전통시가 단카를 비롯한 문학적 시도에 관해서는 작품으로서 본격적으로 소개되지는 않았다. 물론 다카사키 소지 씨가 노리타카의 시인으로서의 재능을 거론하며 네 수의 단카를 소개하고 있지만, 조카에게 보낸 한 수, 1945년의 노래 두 수, 1991년 형제의 석비에 새겨진 한 수로 이번 장에서 다루는 단카와 다르다. 그 밖의 노리타카 단카에 관한 언급도 대부분 일본 귀국 후의 것이다. 이는 당시 식민지 조선에서 간행된 수많은 간행물을 상세하게 조사할 여건이 되지 않았기 때문이라 보이는데, 여기에서는 노리타카가 한반도 생활 중에 창작한 단카를 대상으로 하여 그가 조선 문화를 어떻게 표현했는지를 알아보고자 한다.

조사한 바에 따르면 노리타카가 본격적으로 발표한 단카는 앞서 언급한 『경성잡필』 136호(1930년 6월)에 「행려잡음(行旅雜吟)」이라는 제목으로 30수가 게재된 것이다. 이들 단카는 진인사 12주년 기념 가집인 『조선풍토가집』에 약간 수정되어 일부가 재수록되었으며, 각 노래의 창작 시기는 징

확히 알 수 없지만 내용상 1920년대 중후반의 창작이 아닐까 추측해 본다.

이제부터 「행려잡음」에 수록된 노리타카의 단카 연작들을 함께 읽어 보기로 하자. 먼저 소재적인 측면에서 네 가지 정도로 내용을 분류해 보고, 그 분류에 포함되지 않은 단카는 뒤에서 마저 살펴보기로 한다.

먼저 첫 번째는 조선 고적(古跡) 방문을 소재로 한 노래들이다.

부여에서

조각구름을 물속에 남겨두고 물새들 떼는 산을 넘어서 간다 백제국의 들판을.

반궁 성인의 자제분 어린 모습 저쪽에 가는 아이에게서 문득 생각이 떠오른다.

산등성이가 굽이침을 느끼며 느긋한 맛의 하늘에 푹 잠기어 일본을 생각한다.

왕궁의 돌로 여겨지는 것들이 흩어져서는 다리 되기도 하고 맷돌 되기도 하네.

백제탑

올려다보니 마음이 어느샌가 위로 뻗어서 그저 상쾌하구나 백제 시절의 돌탑.

적적한 느낌 천년을 지났구나 돌로 된 탑이 까마득히 적적해 현실의 이 마음에.

선잠 속에서 가슴에 떠올렸네 백제탑 올린 현실은 어느샌가 꿈으로 변하였고.

엿장수가 든 가위소리 울리며 지나갔는데 탑 있는 잔디에서 부르니 되돌아와.

백제왕릉

커다란 돌이 둘러싼 왕릉으로 혼자 들어가 죽음의 조용함은 여기라 생각했다.

여기에 해당하는 단카는 「부여에서」 「백제탑」 「백제왕릉」 이라는 가제하의 아홉 수다. 두 번째 수의 반궁은 한자 표기를 보아도 무엇인지 알기 어려운데, 잠정적으로 성균관(成均館)과 문묘(文廟)를 통틀어 이르는 말인 반궁(泮宮)의 오식으로 추측하여 보았다. 노리타카의 한반도 전역의 가마터 관련 필드조사는 일찍부터 시작되었는데, 이 단카들은 부여를 방문했을 때의 감회를 담은 노래들로 보인다. 정림사지 오층석탑의 과거를 꿈처럼 천년의 세월이 지난 백제 고도(古都)에서 마주하며 상념에 잠기는 가인의 심상을 그리는데, 그것은 물새 떼와 함께 백제의 들판을 넘어 하늘 저 멀리 일본(大和)을 떠올리고 있다. 이처럼 오래전 과거의 백제의 하늘에서 일본을 그리는 향수는 재조일본인 가인들에게서 자주 보이는 공통점이라 할 수 있다.

다만 노리타카의 단카에서는 일제가 의식/무의식으로 강조하려고 한 백제의 패망국의 이미지가 드러나지 않는다는 점이 특징적이다. 재조일본인 가인들은 백제와 관련된 노래를 많이 지었는데 이는 일본 최고의 가집인 『만요슈(万葉集)』를 연상시키는 것으로, 백제와 교류하던 고대 일본의 아스카(飛鳥), 일본의 신대(神代)의 신화, 천황대의 전설로 이어지면서 일본의 유구함을 오히려 강조하고 그에 대비하여 백제는 비애의 패망국으로서의 이미지를 강화하는 것이 많았기 때문이다(엄인경, 2013). 그러나 노리타카의 단카에서 백제는 '느긋'한 자연 풍광을 배경으로 천년의 까마득한 과거가 현실 속에서 '적적'함을 수반한 꿈같이 몽환적 과거의 대상으로서 회화적으로 상기된다(엄인경, 2015). 이것은 앞서 이치야마의 예에서 살펴본 것처럼 조선의 자연에서 느긋한 회화적인 선을 인식하는 것과 공통된 지점이라고 하겠다.

더 나아가 백제시대의 문화유적들을 마주하면서 천년의 시간을 사이에 두고도 그러한 유적을 통해 까마득한 과거와 현재의 자신이 연결되어 하나의 가상현실을 구성한다는 것은, 조선의 전통문화에 대해 노리타카가 느끼는 일체감의 표현이라 할 수 있을 것이다. 조선의 자연에 관한 노리타카의 인식은 다음의 두번째, 조선의 자연이나 보이는 풍경을 소재로 한 단카들에서 보다 잘 드러난다.

소의 방울

야트막한 산 한쪽 면이 저물며 길이 보인다 그 길의 먼 곳에서 소 방울소리 울려.

무리 떠난 소 밭으로 나갔지만 마을사람들 햇볕 쪼이고 앉아 쫓지도 못하누나.

소나무 산

몇 개나 되는 야트막한 붉은 산 늘어서 있고 작은 소나무 가로수 춤추는 것

같구나.

소나무를 흔들어서 떨어진 잎 모으는 일 듣기에는 쉬워도 보니까 슬프구나.

서로 굽이져 얽힌 소나무지만 아래 가지도 잔디도 베어져서 나무 아래 훤하네.

조선의 자연 풍광을 소재로 한 노래들은 「소의 방울」 「소나무 산」 같은 가제를 달고 있는데, '야트막한 산'의 느긋한 선을 배경으로 굽이진 길과 가로수, 서로 얽히듯 자란 소나무가 묘사되어 있다. '붉은 산'이나 '가지가 베어져서' '훤'하다는 표현은 식수(植樹)가 충분히 이뤄지지 않은 조선 산야의 풍경을 의미하나, 여기에서는 이것이 조선 자연의 황폐함과 원시성으로 직결되는 것은 아닌 듯하다. 왜냐하면 자연만이 아니라 경성에서 가장 번화한 「혼마치(本町)」를 그린 단카도 있어 근대화의 상징 거리를 배경으로 한 경우도 있기 때문이다. 혼마치를 소재로 한 단카는 다음과 같다.

완벽한 균형 보여 주듯이 가는 두 사람 모습 나도 뒤에서 가며 완벽한 균형 본다.

근대 도시로 탈바꿈한 경성의 최고 번화가인 혼마치를 걸어가는 남녀 한 쌍의 뒷모습을 소재로 한 내용인데, 당시 경성에서도 유행했던 속가(俗歌)나 정가(情歌)로 일컬어진 도도이쓰(都々逸)의 정취가 느껴지기도 한다.

한편 노리타카 단카의 제재로 읊어진 산과 소나무는 동생 다쿠미가 조선총독부의 임업 기수로서 조선의 산을 푸르게 만들고 싶어 했던 연구 활동과 밀접히 연관되어 있다. 이는 다음과 같이 동생 다쿠미에 관한 단카가 있었던 사실에서도 쉽게 추측할 수 있다.

오월 십구일 동생이 청량리에서 어린 묘목을 가지고 오다

달맞이꽃에 싸리에 창포꽃에 칠엽수 묘목 여기에 저쪽에 하며 마당 파고 다니네.

싸리나무는 여기 여기에 라며 누이 말하니 막내 남동생이 삽을 가지고 왔다.

오사카의 기쿠치 고로(菊池庫郎) 씨와 헤어진 지 이십 년 어느 날
문득 『가집(家集)』을 우송받고

그대이니까 오사카에 있으며 노래를 읊네 "안 된다니께"라고도 않고 노래를 읊네.

우리 서로가 가족이 늘었지만 이렇게 사는 이십 년을 지나서 여전히 살고 있네.

손수건으로 수염을 닦을 때에 온화한 말로 경구를 하나쯤은 뱉어 내는 그대여.

아이

막내 아이가 형에게 안겨서는 자고 있다니 별일이 다 있구나 엄마가 없으니까.

일가친척들 저녁식사에 오니 적적하게도 아버지들 자리에 나도 앉게 되누나.

마당

물 뿌려 놓은 자그마한 마당에 마구 자라난 잎들이 손 벌리고 비를 받고 있구나.

복숭아의 씨 버린 것이 어느새 나무 되었네 참새가 와서 울고 진딧물 붙었구나.

세 번째는 아이나 형제와의 실생활 및 지인과의 소통을 다룬 것들이다. 여기 첫 번째 단카 앞에는 '오월 십구일 동생이 청량리에서 어린 묘목을 가지고 오다'라는 가제가 붙어 있다. 물론 여기의 동생은 다쿠미이며, 당시 근무하고 있던 임업시험장에서 여러 종류의 묘목을 가지고 와서 누이와 마당 여기저기에 심는 다정한 정경이 묘사된다. 집 마당의 나무를 심는 작업, 마당에 자란 나무들을 애정 어린 어조로 그리며 경성에서 함께 지내는 형제와 아이들, 즉 육친에 대한 살가움을 큰형, 혹은 아버지의 시선으로 담아내는 것을 볼 수 있다.

노리타카가 특별한 관계에 놓인 사람에 대한 애착을 단카로 담아냈다는 점은 젊은 시절 알고 지내다 오랫동안 만나지 못한 지인에 관한 노래들에서도 뒷받침된다. 기쿠치 고로(菊池庫郎, 1881~1964)는 이름난 가인이었는데, 와세다대학을 졸업한 후 오사카에서 교편을 잡고 활발히 가집을 발표한 사람이다. 격조하던 그에게서 가집이 도착한 것을 계기로 지은 노래인데, 기쿠치가 원래 도쿄 출신이므로 오사카 쪽 사투리인 "안 된다니께"라는 말도 안 쓰고 단카 창작을 지속했다는 내용을 담고 있다. 이처럼 단카에는 소식을 전하는 서신과 비슷한 기능도 있었는데 노리타카는 그러한 기능을 살린 단카도 창작했다고 할 수 있다.

하지만 무엇보다도 노리타카 단카의 가장 큰 특징은 바로 다음과 같이 도자기와 관련된 노래들이다. 네 번째로 「가마때기」나 「단지」처럼 그의 전문 분야인 도자기 관련 노래들을 읽어 보자.

가마때기

자토의 그릇 가마로 들어가고 좁쌀로 빚은 술을 푸며 깨끗한 불을 일으키네.

내가 타고난 비쩍 마름과 달리 가마 아궁이 연기는 두툼하게 하늘로 올라간다.

불을 지펴서 나온 연기 하늘에 뻗어 오른다 진흙아 잘 녹아서 좋은 옥이 되어라.

색 확인하려 구멍 들여다보니 그릇의 몸이 하이라이트구나.

가마 불 때기 끝마친 아침부터 지쳐 있구나 가마는 잠이 들고 아지랑이가 피네.

단지

종이 꾸러미 풀어 보니 단지가 굴러 나왔다 아이들은 나란히 "또 단지야?"라 말하네.

할 일이 아주 많은데도 안 하고 단지와 있네 멍하니 바라보다 하루가 저무누나.

노리타카는 「가마때기」나 「단지」 같은 제목으로 도자기를 만드는 현장인 가마에서 불을 일으키고 진흙이 결국 옥 같은 도기가 완성되어 가마의 불이 꺼질 때까지의 과정을 한 수 한 수 시간적 추이에 따라 마치 기록하듯 노래했다. 또한 그가 평생을 바쳐 몰두한 백자 단지의 미에 도취되어 바라본다든가, 수집벽이라고 할 만큼 구할 수 있는 백자 단지를 사서 모은 노리타카의 습관을 "또 단지?"라는 아이들의 반응을 통해 현장감 있게 표현했다.

이상에서 본 것처럼 노리타카는 단카를 통해 조선의 고적과 역사를 느긋한 조선의 자연 풍광을 배경으로 회화적으로 그려 내고, 산과 나무 같은 자연 경물을, 조선 문화와 그 미를 이해하는 동지적 관계에 있었던 동생 다쿠미와 동질적인 감각으로 바라보았다. 이는 노리타카에게 애제(愛弟) 다쿠미와 자식을 비롯한 가까운 사람의 특징적 포인트를 단카로 표현하는 능력이 있었다는 것을 의미한다. 그리고 노리타카의 단카로서 가장 특징적인 테마는 역시 도기와 관련된 일련의 노래들인데, 이 노래들 안의 정밀한 묘사를 통해 그의 조선 전통문화에 대한 애착심이 백자 단지로 대표되는 도자기와 관련된 그의 생활과 실감에 뿌리내렸음을 확인할 수 있다. 따라서 현재까지 발견된 노리타가의 단카 창작은 전국을 돌아다니며 수행한 가마터 조사와 문화유적 탐방, 그리고 조선 도자기에 대한 열정과 불가분의 관계였으며, 그의 단카는 조선의 미감(美感)을 발견하고 표현하는 그의 실생활과 감각을 충실히 반영한 것이라 평가할 수 있다.

이외에도 노리타카는 일본으로 귀국한 이후에도 단카 창작 활동을 지속했는데, '아사카와 노리카와 · 다쿠미 형제 자료관'에서 노리타카의 단카 200여 수 중 50수를 발췌 선별하여 한국에도 소개하기로 했다니 매우 기다려지는 바다.

이렇게 노리타카의 조선 문화에 대한 애착과 보호론이 문예 분야와 어떻게 연계되고 어떠한 문학적 표현으로 드러났는지를 살펴보았다. 지금까지 노리타카의 행적과 관련하여 다뤄진 적이 없었던 노리타카의 자작 단카를 통해, 그의 필드조사를 통한 연구 및 동생 다쿠미와의 조선 생활, 조선 도자기 연구와 조선의 자연에 관한 열정과 애착의 생활이 충분한 실감 속에 문학적으로 표현된 것을 알 수 있다. 또한 노리타카가 한반도에서 단카 같은 일본 전통시가 문단과 밀접한 관련을 맺고 있었다는 것은 그의 장정가로서의 활약상에서 뒷받침된다. 특히 한반도의 단카를 주도한다는 사명감에서 출발했던 전문잡지 『진인』의 표지화를 14년간 담당하고, 진인사 관련 가집들의 장정 및 기타 문예서적의 장정이 노리타카에게 수렴됨으로써, 그의 백자 그림은 당시 조선의 일본 전통시가 작가들이 구현하기를 갈망한 '조선색'을 가장 강력하게 표명하는 상징이 되었다. 즉 그렇게 노리타카는 1936년 시점에 '조선색'의 고문의 역할로서 가장 첫머리에 위치하는 인물이 된 것이다.

이에 대해 조금 부연을 하자면 노리타카는 『경성잡필』 204호에 기고한 「조선색 고문 페이지 도기열」에서 도기에 관한 애호와 관심이 크게 유행하는 현상을 이야기하며, 열여섯 항목에 이르는 도기 관상의 요건을 들어 설명했다. 그 요건을 살펴보면 노리타카가 '조선 도자기의 신'으로서 십오계명—다섯 번째 항목이 누락되어 있다—이라도 내린 듯한데, 몇몇 주요 항목을 보면 다음과 같다.

1. 싼 것이라도 괜찮으니 일단 하나 소유할 것.
2. 우선 구했다면 밥을 안 먹는 가족의 일원이라고 이해할 것.

3. 때때로 눈과 손으로 쓰다듬어 줄 것.

4. 고가의 것을 싸게 찾아내려는 야심을 일으키지 말 것.

6. 남의 것을 너무 갖고 싶어 하지 말 것.

7. 올바르고 아름다운 형태를 찾는 것은 자기 마음을 올바르고 아름답게 하는 수업임을 이해할 것.

12. 조선의 도기는 같은 종류라도 백이면 백 다른 것이므로 그 정점을 노리는 마음으로 수업할 것.

14. 도기를 소중히 다루라고 어렵게 명령하면 아내나 식모는 도리어 긴장하여 실수로 깨는 법, 좋은 점을 가르쳐서 애호하는 마음을 일게 하는 것이 상수임을 이해할 것. (淺川伯教 1936)

수중에 들어온 도기는 가격과 상관없이 개성이 있는 것이고 이를 가족처럼 따뜻하게 대하는 방법, 도기 관상을 수업(修業), 즉 마음에 익히고 닦는 일로 보고 수행을 하듯 접근하는 시각, 실용물로 사용할 때 사용자의 마음가짐의 내용을 담고 있다. 이외에도 남편은 아내 몰래 비싼 도기를 사서는 안 되고 아내는 남편의 잘못을 용서해야 한다는 등 한 가정에서 도기를 둘러싸고 부부간에 지킬 덕목이나, 가격에 휘둘려 골동품상과 같아지는 것에 대한 경계, 일용품에 대한 관심 등도 열거되어 있어 흥미롭다.

'조선색' 담론은 1920년대부터 시작되었지만 가장 활발히 거론된 것은 1930년대 중후반이었는데, 그 '조선색'에 대해 최고 전문가의 지식과 풍부한 경험을 신뢰하고 들어 보는 첫 코너에 노리타카가 도기의 관상 방법에 대해 상세히 이야기한다는 점에서, 도자기=조선색이라는 도식이 성립되었다고 할 수 있겠다.

이러한 도식은 1930년대를 지나 1940년대까지도 유지되었으며, 단카뿐 아니라 하이쿠나 센류 같은 한반도의 전통시가에서도 조선적인 것을 드러내는 데에 큰 부분을 차지하는 소재로 자리 잡았다. 이번 장에서는 노리타카와 이치야마 모리오, 미치히사 료 등 진인사 가인들과의 교유를 통해 1920년대부터 1930년대에 걸쳐 조선색을 구상화하고자 노력한 재조일본인들의 권역과 노리타카의 역할을 파악해 보았다. 실제 당시 식민지 조선에서 활동한 일본인 전통시가 작가들은 이러한 노리타카의 활동에 부응하듯, 조선의 자기, 문화유적, 나아가 전통문화와 관련된 수많은 단카와 하이쿠를 남겼다. 그들이 노래한 이러한 문학세계는 실제 노리타카가 지향했던 문제의식과 공명하는 것이었다. 이러한 내용은 향후 경성에서 간행되던 주요 일본어 매체가 가진 문예살롱으로서의 기능과 더불어 당시 재조일본인 전통시가 분야에서 조선 문화가 차지하고 있었던 자장을 분명히 하는 데에도 작은 보탬이 되리라 생각한다.

참고문헌

야마기시 미쓰구·다카다 신이치 공저, 엄인경 역.『마지막 회전』, 학고방, 2014.

엄인경,「일제 말기 한반도에서 창작된 단카(短歌) 연구」,『일본학보』 제97집, 한국일본학회, 2013.

엄인경,「재조일본인의 조선 민요 번역과 문화 표상:『조선 민요의 연구(朝鮮民謠の硏究)(1927년)』에서『조선의 자연(朝鮮の自然)』(1929년)으로」,『일본언어문화』 제33집, 한국일본언어문화학회, 2015.

赤岡武,「朝鮮陶磁器に生涯を捧げた人——淺川伯教を偲んで」,『郷土史にかがやく人々集合編4』, 山梨: 青少年育成山梨縣民會議, 1997.

淺川伯教,「壺」,『白樺』 9月号, 東京: 白樺社, 1922.

淺川伯教,「石窟庵の宿り」,『朝鮮』, 京城: 朝鮮總督府, 1923.

淺川伯教,「行旅雜吟」,『京城雜筆』 136號, 京城: 京城雜筆社, 1930.

淺川伯教,「朝鮮色顧問頁 陶器熱」,『京城雜筆』 204号, 京城: 京城雜筆社, 1936.

礒部百三,「會の言葉」,『歌集松の實』, 京城: 礒部百三先生歌集刊行會, 1937.

市山盛雄,「編輯後記」,『眞人』 第二卷第一号, 京城: 眞人社, 1924.

市山盛雄 編,『朝鮮風土歌集』, 京城: 朝鮮公論社, 1935.

市山盛雄,『韓郷』, 京城: 眞人社, 1931.

神尾弌春,『さきもり』, 京城: 1928.

高崎宗司,「朝鮮古陶磁の神樣·伯教」,『朝鮮の土となった日本人 淺川巧の生涯』, 千葉: 草風館, 2015.

高崎宗司·深澤美惠子·李尙珍 編,『回想の淺川兄弟』, 千葉: 草風館, 2005.

德野鶴子,「跋」,『樂浪』, 東京: ポトナム社, 1936.

道久良,『歌集朝鮮』, 京城: 眞人社, 1937.

7장
아사카와 노리타카를 기억하다

형인 노리타카는 초등학교 선생님으로, 남동생인 다쿠미는 조선총독부 산림과 직원으로서 근무하면서 공예 연구를 진행하여 노리타카는 조선도자 연구의 제1인자가 되고 다쿠미 또한 도자기 및 조선의 목공품에 대해서 선구적인 명저를 남겼습니다. 특히 그때까지 주목받은 적이 없었던 조선시대 도자기에 새로운 빛을 비춘 의미는 크며, 그들의 활동으로 인해 1920년대 이후 조선 도자기는 많은 사람들의 주목을 받게 됩니다. … 이번 전시가 '朝鮮陶器의 神樣'로 불렸던 노리타카와, '한국의 산과 민예(民藝)를 사랑하고, 한국인의 마음속에 산 일본인, 여기 한국의 흙이 되다'라고 한국에 있는 묘비에 새겨진 다쿠미의 마음과 눈에 대한 이해를 한층 심화하는 기회가 되기를 바랍니다. (『淺川伯教 · 巧兄弟の心と眼—朝鮮時代の美』, 2011)

이 글은 2011년 4월부터 2012년 3월에 걸쳐 오사카 시립 동양도자미술관, 치바시 미술관, 야마나시 현립 미술관, 도치기 현립 미술관, 일본 미술

관연락협의회, 요미우리신문사 등이 "아사카와 노리타카 · 다쿠미 형제의 마음과 눈: 조선시대의 미(淺川伯教 · 巧兄弟の心と眼—朝鮮時代の美)"라는 주제로 공동 주최한 〈아사카와 다쿠미 탄생 120년 기념 특별전〉 한국어 인사말 중 일부다. 다쿠미가 태어나고 120년을 맞이하는 해에 1년간에 걸쳐 일본의 4개 미술관에서 이들 형제를 기념하는 특별 전시회를 개최했다는 사실은 일본 내에서 현재 이들을 어떻게 기억하고 그들이 남긴 업적을 얼마나 기리고 있는지를 잘 보여 준다.

동생 아사카와 다쿠미는 젊은 나이에 갑자기 죽음을 맞이하여 일본인으로는 드물게 조선의 망우리 공동묘지에 묻혀 '조선의 흙'이 되었다. 노리타카는 보통의 재조일본인과는 다르게 1946년 11월까지 서울에 남아 자신이 소장하고 있던, 그리고 조선민족미술관에 소장되어 있던 미술공예품을 한국의 국립민족박물관으로 안전하게 이관하고 일본으로 귀국하여 조선도자기와 관련하여 다양한 활동을 하다 1964년에 세상을 떠났다. 그러나 한일국교정상화 이후 두 나라의 관계가 끊임없이 부침하는 가운데에서도 위의 글에서 보듯이 시간이 지나면 지날수록 아사카와 형제의 업적은 많은 사람들의 기억 속에 되살아났고 의미 있는 연구 활동을 통해 그들의 활약상이 논증되었다. 그리고 또한 이들을 기억하는 한일 양국의 다양한 사람들이 이들 형제의 정신을 기리려는 노력을 통해 그들의 공로와 업적은 한국과 일본 양국에서 한일문화 교류의 상징이자 가교로서 위치하게 된다.

이 장에서는 일본 패전을 전후하여 아사카와 노리타카의 행적이 어떠했는지를 살펴보고, 남들보다 1년이나 훨씬 넘게 한국에 머물다 1946년 11월 일본으로 돌아간 이후 어떤 활동을 했는지도 아울러 살펴보고자 한다. 그리고 1964년 그가 이 세상을 떠나고 나서 그가 어떻게 기억되고 있는지 살펴봄으로써 동생 다쿠미와 더불어 그가 한일 문화교류나 상호이해에 끼친 공적을 재검토하고자 한다.

조선 미술공예의 국립민족박물관 이관

아사카와 노리타카는 1937년부터 1940년까지 제16회부터 제19회 〈조선미술전람회〉에 신설된 공예부의 '참여(參與)'라는 직책에 임명되었으며, 1940년 11월에는 경성미술구락부에서 "신체제하의 미술품(新体制下の美術品)"이라는 제목으로 강연을 한다. 그런데 여기서 말하는 '신체제'란 독일과 이탈리아의 파시즘이나, 소련의 공산주의 같은 강력한 전체주의 체제를 가리키는 말인데 구체적으로는 1938년 고노에(近衛) 내각에 의해 '국가총동원법'이 제정된 이후 이른바 국가총동원체제를 가리킨다. 이 국가총동원법은 식민지 조선에도 그대로 적용되어 이른바 강제징용이나 징병, 식량공출은 물론, 한국어 교육 금지, 한국어 신문 폐지, 창씨개명 등 황국신민화정책으로 이어져 조선에서 전시통제체제가 한층 강화되어 갔다.

태평양전쟁 당시 노리타카는 '국민총력조선연맹 문화부 위원'으로 활동하면서 조선총독부의 문화정책에 협력했다. 국민총력조선연맹은 1940년 7월에 국민정신총동원조선연맹의 후신으로 조선에서 신체제 운동을 이끌어 나가고 황국신민화정책을 선전, 수행하는 핵심조직이었다.

> 우선 문화라는 종래의 말 개념을 청산하고 정치, 재정, 과학, 예술이 모두 혼연일체가 되어 개화한 꽃의 모습이라고 해야 할까요? 그리고 지금까지 외국

에 없던 문화를 동양에 내세우자는 것입니다. 국체의 정화 위에.

고노에(近衛) 총리도 말했습니다. 의회 연설 때 우리나라 고래의 전통 위에 신체제를 만드는 것이라고. (淺川伯教 1941)

이 당시 노리타카의 생각은 『경성잡필』에 실린 이 글에도 잘 드러나 있다. 이 글은 전쟁 같은 비상시국에 '문화'가 가지는 역할이나 의미에 관해 노리타카가 답하는 형식이다. 여기에서 노리타카는 무력이나 제도, 또는 실용적인 기술뿐만 아니라 비상시국에도 문화나 예술의 필요성을 언급하는데, 그가 당시의 신체제가 지향하는 방향에 대해 적극적으로 동조한 것이 사실이다. 노리타카의 이러한 행적에 대해 다카사키 소지는 "일본의 식민지 지배를 공개적으로 비판한 적이 없었다"는 점, "임시적으로 조선총독부의 일을 봐주고, 조선총독부의 기만적 '문화정치'의 일환인 조선미술전에 직접 참여하고 관여했다"는 점, "국민총력조선연맹 문화부 위원 등이 되어 총독부에 협력했다"는 점을 지적하며 "이러한 사실도 잊어서는 안 될 것"이라고 단언한다(다카사키 소지 2002a). 사실 중일전쟁 이후 태평양전쟁을 맞이하여 더욱 공고화되는 국가총동원체제하에서 노리타카의 역할이 무엇이었는지는 확연하지 않다. 하지만 일본과 조선의 많은 지식인들이 그 이전 시기에 보였던 자세에서 크게 방향을 전환하여 이러한 전시총동원체제를 옹호해 갔듯이, 노리타카 또한 적극적이지는 않았다 하더라도 이러한 시대적 움직임과 분위기에 순응하고 있었던 점은 분명했다.

그러나 그렇다고 해서 노리타카가 조선의 미술공예나 조선 문화에 대해 가지고 있었던 애정이 변한 것은 아니었다. 일본이 태평양전쟁에서 패전하고 한국이 해방되었음에도 불구하고 실제 노리타카는 여느 일본인들처럼 곧바로 일본으로 돌아가지 않고 한반도에 그대로 남았다.

> 다행히 장남이 경성으로 돌아왔기 때문에 최악의 경우를 각오하고 누택(陋宅)에서 겨울을 넘기기로 했다.
>
> 야나기의 민족미술관이 걱정되어 몇 번이나 미군에게 부탁하여 구총독부 자리로 옮기기로 하고 개관식에 입회하였다.
>
> 별도로 내가 모은 공예품 3천 여점과 도편(陶片) 30상자를 박물관에 기부하고
>
> …
>
> 공예회 사람들과 동생, 그리고 딸들 가족도 모두 돌아갔다. 내 엉덩이가 무겁기 때문에 모두 조마조마해하며 이별 인사를 하러 와주었기 때문에 날이 갈수록 쓸쓸해졌다. 지나친 말인지는 모르지만 '德不孤必有隣(덕이 있으면 따르는 사람이 있으므로 외롭지 않다)'이라고 만주와 일본에서 돌아온 조선 사람들이 누택 근처에 입주하여 때때로 담 구멍으로부터 절임이나 야채 등을 넣어 주었다. 그 얼굴은 한 번도 본 적이 없다. 조선인도 모두 동지를 스스러워하는 것이다. 또 쌀을 가지고 와주는 사람, 막걸리를 보내 주는 사람도 있었다. 제야의 밤은 특히 무서우리만큼 조용하였다.
>
> …
>
> 봄이 되어 거주허가증이 떨어져 대체로 태연하게 거리를 걸을 수 있게 되어 조선 친구들도 방문하여 신변을 걱정해 주었다. 미국 군인들도 지인이 생겨 조금은 안정되었다. (淺川伯教 1956)

노리타카는 위의 글에서 잘 나타나 있듯 조선민족미술관 소장의 미술

공예품이 그대로 흩어지거나 소실되는 것은 아닐까 매우 걱정했다. 그래서 이것들을 안전하게 보호하기 위해 미군정에도 안전한 보전을 부탁하는 등 다양한 방식으로 노력하여 한국의 국립민족박물관에 무사히 이전될 때까지 경성에 그대로 남아 있었다. 이뿐만 아니라 그가 개인적으로 모아 소장했던 공예품 3천여 점과 도편 30상자도 함께 국립민족박물관에 기증했다. 그가 남긴 이 미술공예품들은 1950년 12월에 국립중앙박물관의 남산 분관에 통합되었으며, 이것들은 다시 지금의 국립중앙박물관으로 계승되어 현재에도 이 박물관에 해당 미술공예품이 소장되어 있다.

이 과정에서 미군사령부도 노리타카의 공적과 조선 미술공예에 대한 전문적 견식과 역량을 인정하여 한반도에 체류 허가증을 발부했다. 나아가 노리타카는 미군정청의 미술과장인 중령 조지 기포드나 그레고리 헨더슨 등과 교류하며 조선 미술공예와 관련하여 이들에게 자신의 지식을 전달하기도 했다.

그러나 일본인 지인과 친척이 다 떠나고 아내와 아들 단 세 명이 서울에 남아서 생활하던 한반도 생활은 그에게는 말로 표현할 수 없는 외로움을 남겨 주었다.

오늘도 다시 다완과 하루 종일 보내게 됐네 연약하기는 해도 아름다운 것이라.

온돌방에서 피는 연기 파도에 잠기는 마을 장구소리 느긋한 아리랑 노랫자락.

이 단카들은 1945년 연말 무렵에 노래한 것들로 1945년이 저물어 갈 무렵 특별한 일 없이 지내는 적적함이 배어 있다. 그럼에도 불구하고, 도자기는 그의 외로움과 슬픔을 달래 주는 소중한 대상이었다. 그리고 이러한 단카에는 여전히 조선의 미술공예, 자연, 그리고 노래를 사랑하는 심정이 잘 드러나 있다. 이러한 글들은 일본 패전 이후 노리타카가 어떤 심정으로 한반도를 떠나지 못했는지를 잘 설명해 준다. 한편 주변의 지인과 친척이 모두 일본 본토로 건너가 외로운 입장에 있었지만 한국인들과의 접촉과 교류는 계속되고 있었다. 전혀 알지 못하는 한국인들이 그를 위해 음식이나 쌀, 술 등을 가져다 주기도 했고 그가 미군정으로부터 체류 허가증을 받아 거리에 자유롭게 나가게 되었을 때는 한국인 지인들과 교류를 지속하고 있었다. 그러는 과정에서 그는 드디어 조신민족미술관과 자신의 소장 미술공예품을 국립민족박물관에 무사히 넘기는 일을 완수하고 1946년 11월 일본 본토로 귀국한다.

전후 아사카와 노리타카의 활동과 추모

일본으로 건너온 아사카와 노리타카는 여전히 도자기 연구자로서 충실한 생활을 보내며 조선 도자기를 적극적으로 소개하거나 도자기 제작에 직접 참여하기도 했다. 예를 들면 일본으로 귀국한 지 얼마 지나지 않은 시점인 1947년 1월에 '일본도자협회'가 주관한 연구회에서 조선 도자기에 관해 강연했고, 1948년에는 에히메(愛媛)현에서 반년 정도 도자기 제작에 참여했으며 같은 해 10월에는 제4회 〈일본미술전람회〉에 자신의 작품을 출품하여 〈참억새 다완(尾花茶碗)〉이 입선하기도 했다. 그리고 1949년 8월 2일부터는 도쿄의 미쓰코시 백화점에서 〈아사카와 노리타카 도자기전〉이 개최되기도 했는데, 이는 노리타카가 일본에 귀국하고 나서도 활발하게 도자기를 창작하고 있었던 방증이다.

그림 7-1
『이조의 도자』에 실린 조선백자 관련 도판

1950년대에 들어서도 도자기와 관련한 강연회에 자주 모습을 보였고, 또한 조선 도자기와 관련한 글을 적극적으로 썼는데 1955년에 『세계도자전집 제13권 조선상대 · 고려편(世界陶磁全集　第13卷 朝鮮上代 · 高麗篇)』에 「고려청자사고(高麗青磁私考)」를 기고했다. 1956년 5월에는 '아사카와 노리타카 고희기념회(淺川伯教先生古希記念會)'가 발족되었고, 도자기 연구자 아카호시 고로(赤星五郎)가 같은 해 7월 발행한 『이조의 도자(李朝の陶磁)』에서 노리타카가 집필과 편집을 담당했다. 같은 달 간행된 『세계도자전집 제14권 이조편(世界陶磁全集 第14卷 李朝篇)』에는 「부산요(釜山窯)」 등 다수의 논문을 기고하고 작품을 해설했다.

1958년 11월에는 『세계도자전집 제16권 현대편(世界陶磁全集 第16卷 現代篇)』에 「조선 현재의 민간 가마(朝鮮現在の民窯)」, 1959년 8월에는 『민예(民芸)』에 「조선 민화의 소재에 대하여(朝鮮民畵の題材について)」를 각각 기고했다. 1960년 『도기전집 제17권 이조백자 · 염부 · 철사(陶磁全集 第17卷 李朝白磁 · 染付 · 鐵砂)』를 간행하며 조선 도자기 소개 작업을 계속했다.

전후에 일본으로 돌아온 노리타카는 이와 같이 조선 도자기와 관련하여 다양한 활동과 왕성한 저술 작업을 지속했던 것이다.

아사카와 노리타카 군은 … 원래 소학교 선생으로서 조선으로 건너갔지만 자신이 좋아하는 바를 위해 목숨을 걸고 조선 도자기에 모든 생활을 내던지고 조선 전도(全道)에 걸쳐서 가마터를 찾아다니고 모든 시대의 파편을 모아 명기(名器)를 발견하여 조선 특히 이조 도자기에 대해서는 어느 시기 어느 곳의 것이든 마치 손바닥을 가리키듯 이것을 숙지하고 있을 뿐만 아니라 몸소 고생한 제작 경험으로부터 흙에서 도기가 되기까지 하나하나의 생태를 추구하여 도자기 표면에 닿는 화염의 색도 열도 실감할 수 있는 사람이기 때문에 그 이조자기에 대한 이야기는 완전히 유일무이하다고 해도 좋다. (安倍能成 1956)

이 발언은 도쿄대학 철학과를 나와 호세이대학 교수, 경성제국대학 교수, 그리고 도쿄 다이이치고교 교장, 귀족원 의원, 문부대신을 역임했던 아베 요시시게(安倍能成)가 『이조의 도자』에 쓴 서문이다. 아베 요시시게는 경성제대 교수를 할 무렵부터 1940년에 이르기까지 조선 문화나 도자기를 매개로 하여 아사카와 형제와 교류했고 '조선 공예회(朝鮮工藝會)'라는 모임도 함께 만들어 활동했다. 따라서 조선 도자기에 대해 어느 정도 이해를 가지고 있었던 그는 이 서문을 통해 노리타카에 대해 조선 도자기의 유일무이한 이해자라는 점을 강조하고 있다. 이 책의 발문에서 이 저서를 추진했던 아카호시 고로도 역시 "조선의 도자기와 가마터 연구에서는 그 세계의 제일인자"임을 들어 그의 업적을 적극 칭송하고 있다.

이 책은 아카호시 고로를 중심으로 하여 구성된 고희기념회가 노리타카에게 조선 도자기에 관한 집필을 의뢰하여 완성된 책인데, 노리타카는 이 책에서 조선 도자기와 관련된 다양한 도판을 제시하고 이 도자기의 도판 해설은 물론, 조선 도자기사의 연대 구별, 이조 초기의 도자기와 다완, 계룡산 가마터의 고도기(古陶器), 조선백자, 조선 염부의 모양 등에 대한 상세한 내용을 풀어 썼다. 이런 의미에서 노리타카는 전후에도 일본으로 건너가 조선 도자기에 대한 연구를 심화했음을 알 수 있다. 특히 1950년대에 가와데쇼보(河出書房)에서 간행한 『세계도자전집』이나 헤이본샤(平凡社)에서 간행한 『도기전집』에서도 노리타카가 한반도와 관련된 부분의 집필을 담당한 사실이나, 앞의 아베 요시시게나 아카호시 고로의 평가에서도 알 수 있듯이 전후에도 노리타카는 일본 내에서 여전히 조선 도자기의 최고 전문가로 인정받았다.

그림 7-2
전후 아사카와 노리타카의 모습 〈사진 제공: 淺川伯教巧兄弟資料館〉

아사카와 노리타카가 1964년 1월 향년 81세로 이 세상을 떠나고, 같은 해 3월 그를 추모하기 위해 『민예(民藝)』에서는 발 빠르게 노리타카 추모 특집호를 간행한다. 이 추모 특집호의 필자로는 아베 요시시게, 도예가이자 문예가인 가와이 간지로(河井寬次郎, 1890~1966), 『이조도자보(李朝陶磁譜)』(聚樂社 1942)의 저자이자 일본민예협회 기관지 『민예(民藝)』의 편집인이었던 도자기 연구자 다나카 도요타로(田中豊太郎), 도예가로서 제2대 일본민예관 관장을 지낸 하마다 쇼지(浜田庄司, 1894~1978), 『이조: 조선의 도자기(李朝: 朝鮮のやきもの)』(淡交新社, 1965)를 간행한 아카호시 고로, 실업가로서 민예운동에 적극적인 도움을 준 야마모토 다메사부로(山本爲三郎,

1893~1966) 등 당대의 대표적인 도예가, 도예연구자, 일본민예협회 관계자를 망라하고 있다.

추모 특집호에 실린 글들은 모두 노리타카의 죽음을 맞이하여 생전의 그의 삶과 치적을 소개하고 재조명하고 있는데, 필자들이 노리타카를 추모하고자 한 방향이 무엇인지 몇 가지 내용을 소개하면 다음과 같다.

> 그건 그렇다 치더라도 동생 아사카와 다쿠미 씨와 더불어 일찍이 조선의 미를 찾아내어 사람들에게 제시하신 업적은 크고, 당신들의 협력에 의해 조선민족박물관이 경성에서 만들어진 이래, 그 후에 생긴 도쿄의 일본민예관과 민예협회, 각지의 민예관과 민예점의 초석이 이때 자리 잡혀졌음을 생각하면 감개무량입니다. … 정복자가 패자에 대해 범한 잘못, 그런 야만이 지금도 여전히 사라지지 않는 중에서 당신들이야말로 인간의 무지에 빛을 비추신 분들이었음을 지금 새삼스럽게 의식하지 않을 수 없습니다.
>
> — 가와이 간지로

> 잡지 『시라카바』가 1922년 9월호에 이조 도자기 소개를 특집으로 했을 때, 노리타카 씨는 그 역사적인 변천에 대한 논문을 발표하였다. 이것은 이조의 도예사(陶藝史)에서는 최초의 문헌이 되어 후년의 연구자들에게 얼마나 도움이 되었는지는 헤아릴 수 없다. … 그만큼 조선 관계의 일에는 중대한 의미가 있고 이것을 기점으로 하여 일관된 흐름이 지금도 이어지고 또한 장래에도 미칠 것이라는 깊은 생각이 든다.
>
> — 다나카 도요타로

이 내용들이 보여 주듯 노리타카 사후 『민예』에 글을 보낸 사람들 대부분이 공통적으로 노리타카를 기리고자 하는 방향은, 일제강점기 조선 도자기를 중심으로 하여 조선의 미술공예로부터 '조선의 미'를 발견함과 동시에 조선 도예사의 선구적인 연구를 통해 조선 도자기의 가치가 세상에 널리 알려지게 되었다는 점이다. 이런 의미에서 그는 "도자기의 신"(도이 하마이치), "조선 도기의 연구가로서는 자타 모두 인정하는 제1인자"(아베 요시시게)라고 많은 사람들로부터 칭송받았다. 그렇기 때문에 노리타카, 또는 아사카와 형제로부터 출발한 조선 미술공예의 아름다움은 야나기 무네요시를 통해 일본민예관 설립으로 이어졌고, 1960년대까지도 그러한 흐름이 지속된 것이다. 이러한 의미에서 노리타카를 기억하는 자들은 제국일본이 식민지 조선에 가했던 야만스러운 과오에, 노리타카의 열정적인 활동과 조선 문화와 관련된 활약이 한 줄기 빛 같은 역할을 했다고 단정하고 있다.

그림 7-3
지바의 자택에서 말년의 노리타카 부부 〈사진 제공: 淺川伯教巧兄弟資料館〉

물론 노리타카가 당시 도예가나 도자기 연구자에게는 조선 도자기 연구의 개척자나 도자기의 신으로서 공통적으로 기억되었던 사실에 반해, 노리타카가 가지고 있었던 인품에 대해서는 각각 다른 코멘트를 남기고 있다. 예를 들면, "완고함"(아베 요시시게), "형식에도 마음에도 꾸민 곳이 조금도 없는 인품이 상대를 품"(하마다 쇼지)는 유형, "거짓을 하지 않는 성격" "정직자 특유의 완고함" "자애로움이 넘치는 온정의 소유자"(다나카 도요타로), "순직함" "고집이 셈" "집념이 강함"(히로타 히로시) 등이 노리타카를 표현하는 말들이다. 이들이 각각 노리타카의 인품을 이처럼 다르게 포착하고 표현하고 있기는 하지만 결국에 전체적인 맥락에서는 모두 의미가 통한다고 볼 수 있다.

식민지 조선이 해방되고 나서 일반적인 일본인보다 뒤늦게 일본으로 돌아온 노리타카는 조선에서 수행했던 것처럼 도자기 관련 일에 심취하고, 조선 도자기 연구와 저술활동을 수행했으며, 그가 좋아하던 문예인 하이쿠를 연구하면서 생애를 마감했다. 그가 이 세상을 떠났을 무렵, 전 생애에 걸쳐 그가 이룩했던 조선 문화 관련 업적은 당시 일본의 대표적인 도예가나 도예 연구자, 나아가 수많은 사람들에게 크게 영향을 끼쳤으며, 그들은 다시 그가 살아온 삶의 궤적과 남겨 놓은 족적을 지속적으로 기억하고 기리게 되었다.

아사카와 형제의 기억

아사카와 노리타카와 다쿠미의 실체가 널리 세상에 알려지게 된 배경에는 다카사키 소지의 역할이 대단히 크다. 다카사키 소지는 역사학자, 특히 한국문제 및 한일관계 전문가로서, 일본의 식민지 지배와 전후 보상문제에 매우 비판적 입장을 가지고 있었다. 일본군 위안부의 보상을 목적으로 설립된 '아시아여성기금(アジア女性基金)' 운영심의회 위원장을 역임하기도 했다.

그가 간행한 『조선의 흙이 된 일본인 아사카와 다쿠미의 생애(朝鮮の土となった日本人 淺川巧の生涯)』(草風館, 1982)는 현재 증보 3판까지 간행되었으며, 한국에는 『조선의 흙이 되다: 아사카와 다쿠미 평전』(효형출판사, 2005)으로 번역, 간행되었다. 그는 1984년에 야나기 무네요시(柳宗悅)의 『조선을 생각한다(朝鮮を想う)』(筑摩叢書)를 엮어 펴냈고, 1996년도에는 『아사카와 다쿠미 전집(淺川巧全集)』(草風館)을 간행했다. 그리고 2003년도에는 새로 발견된 다쿠미의 일기와 서간을 모아 『아사카와 다쿠미 일기와 서간(淺川巧日記と書簡)』(草風館)을 냈으며 같은 해에 아사카와 다쿠미의 『조선민예론집(朝鮮民芸論集)』(岩波文庫)을 편저했고 2005년도에는 아사카와 형제의 가족, 친척, 지인들의 아사카와 형제 회고 · 추모의 글을 모은 『회상의 아사카와 형제(回想の淺川兄弟)』(草風館)를 공편했다.

그림 7-4
아사쿠사 다쿠미의 생애를 그린 소설 『백자의 사람』

다카사키 소지의 이러한 일련의 저술과 편서에 의해 아사카와 형제의 삶의 궤적과 조선 및 조선 문화에 대한 애정과 열정, 그리고 그들의 조선 미술공예에 대한 연구 치적이 또렷하게 부각되었다. 그러나 그의 책 이름이나 전집 간행에서도 알 수 있듯이, 다카사키가 이들 형제를 언급할 때 그 중심은 항상 동생 다쿠미를 향해 있었다. 1994년도에 소설가 에미야 다카유키(江宮隆之, 1948~)는 다쿠미의 생애를 조명한 논픽션 소설 『백자의 사람(白

磁の人)』(河出書房新社)을 출판했다. 에미야 다카유키는 역사 및 시대소설, 논픽션 소설을 주로 쓰는 작가로, 아사카와 형제와 같은 야마나시현 출생으로서 『야마나시일일신문』 문화부 기자를 하던 시절에 아사카와 다쿠미의 존재를 알게 되었으며, 신문사 일과 관련하여 그와 관련된 사항을 취재하면서 그가 가진 매력에 빠졌다고 회고한다. 에미야 다카유키는 이 작품으로 1995년 '나카무라 세이코(中村星湖) 문학상'을 수상하기도 했다.

이 작품도 아사카와 형제나 야나기 무네요시 등이 모두 등장하기는 하지만 작품의 포커스는 당연히 다쿠미에게 맞춰져 있다. 이 책은 다른 연구서에 비해 문학작품이 가지는 영향도 때문인지 많은 반향을 불러일으켰다. 1995년에는 『마이니치신문』 독서 콩쿠르의 지정도서로 선정되어 발행부수가 10만 부에 이르게 된다. 나아가 2005년도에는 한일국교 정상화 40주년을 맞이한 '한일 우정의 해'로 한국과 일본에서 이를 기념하는 다양한 행사가 전개되었는데, 『백자의 사람』 독서 감상문 콩쿠르가 그 이전부터 논의되어 오던 『백자의 사람』 영화제작 사업과 더불어 '한일 우정의 해' 지정 사업으로 인정을 받기에 이르렀다.

한편, 『백자의 사람』 영화제작 사업은 2004년부터 야마나시현의 다양한 관계자들 사이에서 논의되다가, 2005년 1월 25일 공식적으로 '소설 『백자의 사람』 영화제작위원회' 발회식(發會式)이 공식적으로 열리게 된다. 그동안 야마나시 문예협회, 아사카와 노리타카 · 다쿠미 형제를 기리는 모임, 야마나시현의 문화인들이 이러한 움직임에 직간접적으로 관여하며 적극적으로 이 사업을 추진했다. 이 모임에서는 이 사업의 목적으로 "『백자의 사람』 영화제작 실현을 향해 제반 활동을 수행하고, 따라서 야마나시현의 문화 향상과 '한일'의 상호 이해 · 교류에 기여함을 목적으로 한다"라는 내용을 명시하고 있다(小澤龍一 2012). 이 순간이야말로 아사카와 형제가 한일의 상호이해와 교류의 심벌로서 자리 매김되고 한국과 일본의 문화교류와 한일 우정의 상징적 존재로 기억되는 순간이라 하지 않을 수 없다.

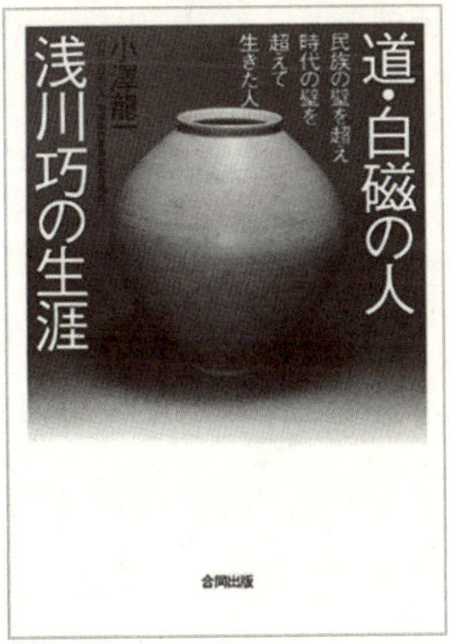

그림 7-5
아사카와 다쿠미의 영화화에 이르는 과정을 그린 책

이 영화는 7년간에 걸쳐 한일관계의 변화와 더불어 여러 가지 고투를 거듭한 끝에 한일 공동제작 형태로 촬영에 들어간다. 그래서 이 영화는 '소설 『백자의 사람』 영화제작위원회'와 〈길: 백자의 사람(道—白磁の人)〉 필름 파트너스가 공동제작하고 다카하시 반메이(高橋伴明) 감독이 메가폰을 잡고 요시자와 히사시(吉澤悠), 배수빈 등이 주연으로 참여하여 2011년 영화제작에 들어가게 된다. 마침내 〈길: 백자의 사람〉은 2012년 6월 9일 드디어 개봉되기에 이르렀으며 한국에서는 〈백자의 사람 : 조선의 흙이 되다〉라는 제목으로 2012년 7월 개봉되었다.

이 영화를 제작할 당시 매년 아사카와 다쿠미를 추모했던 한국의 '아사카와 다쿠미 현창(顯彰)회'도 크게 기여했음을 잊어서는 안 될 것이다. 예를 들면 2011년 4월 2일 아사카와 다쿠미 현창회의 추모식이 성대하게 이뤄지고 한국의 매스컴 보도도 대대적으로 이뤄져 아사카와 다쿠미에 대한 관심이 증대했으며 그의 묘소를 찾는 발길도 늘어났다. 2011년 7월 27일에는 야마나시현립 미술관에서 제작발표 기자회견이 이뤄졌으며, 한국에서

로케촬영이 결정되었다. 이러한 분위기를 이어 2011년 9월 4일과 5일 서울 프레스센터에서는 "시대의 국경을 넘은 사랑: 아사카와 다쿠미의 임업과 한국 민속공예에 관한 연구"를 주제로 한 학술대회가 서울국제친선협회 주최로 열리게 되었다.

1990년대 이후 아사카와 형제에 대한 학술적 연구와 새로운 자료 발굴이 활발하게 이뤄지고, 소설화와 영화화가 되면서 이들은 대중에게도 친숙한 인물로 자리를 잡게 된다. 이 과정에서 특히 '아사카와 노리타카 · 다쿠미 형제를 기리는 모임(淺川伯教 · 巧兄弟を偲ぶ會)'이 남긴 치적은 특기할 만한데, 이 모임은 1996년도에 창설되어 정기적으로 『회보(會報)』를 내면서 아사카와 형제의 치적을 알리고 한일교류관계 증진을 위해 다양한 활동을 전개했다. 이들 모임을 비롯하여 아사카와 형제를 둘러싼 다양한 활동의 영향으로 2001년도에는 드디어 아사카와 형제가 태어나고 자란 야마나시현 호쿠토시(北杜市)에 이들 형제를 기념하는 자료관이 만들어졌다.

> 야마나시현 호쿠토시 출신의 아사카와 형제는 일본이 조선반도를 병합한 수년 후에 그 지역으로 건너가 일본 통치 시대였지만 조선 사람의 입장에서 조선을 포착하려고 한 얼마 되지 않는 일본인 중 한 사람이었습니다. 당 자료관은 조선 공예를 비롯한 조선 문화의 미에 매료된 아사카와 형제의 사람됨과 업적을 소개하고, 한일우호친선의 정보발신 기지임을 목적으로 하여 2001년에 형제의 고향인 호쿠토시 다카네초(高根町)에 설립되었습니다. 자료관에는 형제의 족적을 알 수 있는 연보와 비디오 해설, 디오라마(diorama), 조선 청자 · 백자 외, 조선 도자기 연구가이며 다재다능한 예술가였던 노리타카가 남긴 서예와 회화의 갖가지 작품들, 다쿠미가 조선인들을 향한 여러 가지 생각을 지은 일기 등, 귀중

한 자료가 전시되어 있습니다.

그림 7-6
한국의 전통문화 분위기를 잘 살린 '아사카와 형제 자료관' 내부 모습 〈사진 제공: 淺川伯教巧兄弟資料館〉

이 글은 이 자료관 블로그에서 '아사카와 형제 자료관' 개요를 설명하는 글이다. 이 자료관 설립의 주요한 목적이 이 두 형제의 업적과 생애를 기리고, 이들이 수행한 조선 도자기 및 미술공예 관련 연구와 자료를 소개하는 데 있음을 잘 알 수 있다. 이와 더불어 각종 전람과 강연을 통해 한일문화교류 진흥을 위해서도 다양한 활동을 수행하여 '한일우호친선의 정보 발신기지'로서 그 역할을 충실히 수행하고자 했다.

이뿐만 아니라, 2001년 1월에는 노리타카가 로댕의 조각을 보기 위해 청화백자 추초무늬 모따기 항아리(青華秋草紋面取壺)를 선물로 가지고 야나기 무네요시를 방문했던 지바현 아비코시에 '시라카바문학관(白樺文學館)'이 개설되어 시라카바파(白樺派) 문학과 민예운동에 관한 자료관으로 활용되었다. 이 문학관에서도 2009년 1월에 "민예와 나: 야나기 무네요시와 아사카와 형제"나 "야나기 무네요시와 조선" 등을 테마로 한 강연회를 개최하여 노리타카와 다쿠미를 기렸다. 이들 강연의 주요한 내용은 야나기 무네요시가 노리타카가 조선에서 가져와 선물한 조선백자를 보고 서양미술 연구에서 조선백자로 관심이 전환되었고, 다시 이러한 토대 위에서 야나기 무네요시의 '민예(民藝)사상'이 개화, 발전 되었음을 알리는 내용들이다. 따라서 '시라카바 문학관'의 설립 목적은 당연 시라카바파의 동인에 관한 사항이나 야나기 무네요시의 민예운동이 중심이기는 하지만, 그 민예사상의 초석이 되었던 조선 도자기나 아사카와 형제에 대한 설명과 기억을 빼놓을 수는 없는 일이었다.

그림 7-7
아사카와 다쿠미 탄생 120년 기념 특별전〉 포스터 (2011년)

도쿄 고마바(駒場) 지역에 남아 있는 '일본민예관'도 아사카와 형제의 기억과 관련하여 중요한 곳이지만, 이에 대해서는 이미 앞에서 상세하게 다루었기에 여기에서는 생략하기로 한다.

한편 2011년 4월부터 2012년 3월에 이르기까지 오사카 시립 동양도자미술관, 지바시 미술관, 야마나시 현립 미술관, 도치기 현립 미술관, 미술관 연락협의회, 요미우리신문사 등이 "아사카와 노리타카 · 다쿠미 형제의 마음과 눈: 조선시대의 미"라는 주제로 공동 주최한 〈아사카와 다쿠미 탄생 120년 기념 특별전〉은 아사카와 형제를 기억하고 기리는 데에 있어서 기념비적인 전시회였다고 할 수 있다. 특히 이 전시회를 즈음하여 전람회 자료집으로 간행한 도서는 지금까지 이들 형제의 연구업적을 총망라하고 다양한 자료와 더불어 사진의 도판을 제시하고 이를 설명하며, 아사카와 형제의 연보, 이들 형제와 관련한 제반 사항을 집대성하여 제시하고 있다.

이들 전람회는 1990년대 이후 아사카와 형제를 둘러싼 자료 조사와 연구가 속속 진행되어 다양한 연구 성과가 축적되고 한국과 일본에서 이들 형제를 제대로 알리려는 노력이 진행됨과 더불어 이뤄졌다는 점에서 매우 의의가 있는 행사였다고 하지 않을 수 없다.

그림 7-8
망우리추모공원 내 아사카와 다쿠미의 85주기 추모식에 참석한 필자 (2017년 4월 5일)

한국에서도 다카사키 소지의 저서가 1996년과 2005년도에 번역 소개되고 특히 아사카와 다쿠미와 관련해서는 다양한 연구와 소개가 이뤄졌다. 특히 2003년 (주)두산에서 간행한 『고등학교 한국 근현대사』에 「조선의 도자기와 민예를 사랑한 두 일본인: 아사카와 다쿠미 · 야나기 무네요시」란이, 2004년도에는 와솔출판사에서 간행한 『한국과 일본에서 함께 읽는 열린 한국사』에 「한국인과 함께 살아가려는 일본인도 있었다: 한국인을 사랑한 일본인 아사카와 다쿠미」란이 각각 실렸다. 한국의 역사 관련 교과서에 야나기 무네요시와 아사카와 다쿠미가 게재되었다는 사실은 대단히 특기할 만하다.

더구나 2015년에는 조선일보사와 대한민국역사박물관이 광복 70주년을 맞아 선정한 '대한민국을 빛낸 세계인 70인' 중 한 사람으로 아사카와 다쿠미를 선정했다. 선정 이유로는 '광릉수목원을 조성하고 조선 문화의 독자성을 주장'했다는 점이 강조되었다. 이렇게 아사카와 형제는 최근 10, 20년간 그들의 치적이 연구 성과로 크게 발표되고 영화나 자료관, 아니면 신문 등 언론을 통해 활발하게 소개되었지만 그 중심은 동생인 다쿠미였다. 다쿠미가 크게 부각된 이유로는 다쿠미가 조선 산하의 식림사업이나 조선 문화와 관련하여 남긴 치적이 결코 적지 않고, 젊은 나이에 요절하여 망우리 공동묘지에 묻힌 사실 등 파란만장한 그의 인생이 주는 다양한 감동이 그 근저에 있을 것이다.

그러나 다쿠미에게 주어지는 찬사는 결코 다쿠미 혼자만의 것이 아니며, 그에게 아버지 같은 절대적 존재였고 종교와 조선 문화와 관련하여 다대한 영향을 끼친 형 노리타카에 대한 찬사이기도 하며 넓게는 야나기 무네요시를 포함하여 조선 문화의 아름다움을 새롭게 개척한 자들에 대한 기억이라 보아야 할 것이다. 더군다나 앞에서 살펴보았듯 이들이 2000년대에 들어와서 한일 문화교류, 한일 우정의 상징적 인물로 부각되고 있다는 점은 아사카와 형제의 삶과 업적이 시사하는 바가 결코 적지 않음을 우리에게 알려준다.

참고문헌

淺川伯教, 「文化問答」, 『京城雜筆』 265号, 京城雜筆社, 1941. 3.

淺川伯教, 『李朝の陶磁』, 座右寶刊行會, 1956.

安倍能成, 「序」, 『李朝の陶磁』(私家版), 1956.

安倍能成, 「淺川伯教君のこと」, 『民芸』, 1964. 3.

江宮隆之, 『白磁の人』, 河出書房新社, 1994.

小澤龍一, 『道·白磁の人 淺川巧の生涯』, 合同出版, 2012.

河井寬次郎, 「淺川さん不死」, 『民芸』, 1964. 3.

田中豊太郎, 「淺川さんを偲ぶ」, 『民芸』, 1964. 3.

土井浜一, 「伯教さんとの宿縁」, 『民芸』, 1964. 3.

『淺川伯教·巧兄弟の心と眼—朝鮮時代の美』, 美術館連絡協議會, 2011. 4.

▌부록 ▏아사카와 노리타카 연보 ▌

1884년: 야마나시현(山梨縣) 기타고마군(北巨摩郡) 출생.

유년 시절부터 조부 오비 시모토(小尾四友)로부터 한학, 하이쿠, 렌가, 다도 등을 배움.

1890년: 부친 아사카와 조사쿠(淺川如作) 사망.

1891년: 무라야마니시(村山西) 보통소학교 입학.

1897년: 무라야마니시 소학교 졸업. 아키타(秋田) 고등소학교 입학.

1901년: 졸업 후 아키타 보통고등소학교의 임시교원이 됨.

1902년: 교원 임명을 받고 아쓰나(熱那) 보통고등소학교의 교사가 됨.

1903년: 야마나시현 사범학교 입학. 이 무렵 기독교에 입교함.

1906년: 야마나시현 사범학교 졸업. 도미사토(富里) 보통소학교의 교사가 됨.

1907년: 시오자키(塩崎) 보통소학교의 교사가 됨.

니라사키(韮崎) 근교의 시오자키에서 동생 아사카와 다쿠미(淺川巧)와 함께 생활함.

1908년: 야마나시현 사범학교 부속 보통소학교로 전근.

이 무렵부터 노리타카는 고미야마 세이조(小宮山清三)와 친교를 맺음.

이후 고미야마가 소장하고 있던 조선 도자기를 접하게 됨.

1910년: 『시라카바(白樺)』가 창간되어 애독함.

1912년: 상경하여 신카이 다케타로(新海竹太郎)에게 조각을 배움.

1913년: 조선으로 건너와 경성 남대문공립 보통소학교에서 교사로 근무.

경성의 잡화점에서 백자 단지를 마주함.

1914년: 경성부 서대문공립 보통고등소학교로 전근.

로댕의 조각을 보고자 지바현(千葉縣) 아비코(我孫子)로 야나기 무네요시(柳宗悅) 방문.

이때 선물로 조선 도자기를 지참. 미에구사 다카요(三枝たか代)와 결혼.

나라(奈良)의 도미모토 겐키치(富本憲吉)를 방문하고 이후 친교를 맺음.

1915년: 장녀 마키에(牧榮) 탄생.

1916년: 야나기 무네요시가 최초로 조선 방문. 노리타카는 부산에서 마중.

차녀 미에코(美惠子) 탄생.

1919년: 교직 퇴임. 홀로 도쿄에 돌아가 신카이의 제자로써 조각 제작에 전념.

1920년: <제2회 제전(帝展)>에 조각 <나막신 신은 사람(木履の人)>으로 입선.

1921년: 경주 석굴암 방문.

1922년: 청량리로 이사. 장남 니시오(二四夫) 탄생.

<평화기념 도쿄박람회>에 분수 조각 <천사상(天使像)> 설치 담당.

<제1회 조선미술전람회>의 정문 분수 조각 제작, 조각 <종다리(雲雀)> 입선.

야나기 무네요시의 소개로 조선에 건너온 하마구치 요시미쓰(濱口良光)와 만나 친교.

『시라카바』에 「이조 도자기의 가치 및 변천에 관하여」와 시 「단지(壺)」를 기고.

<이조 도자기 전람회> 개최. 『조선(朝鮮)』에 「이조 도자기의 역사」 게재.

1923년: <제2회 조선미술전람회>에 동양화 <잔조(殘照)>, 조각 <소아삼상(小兒三相)> 입선.

부조 조각 <할아버지(ハラホヂ)> 4등 입상.

'부업공진회(副業共進會)'의 본관 분수 제작.

이 무렵부터 아사카와의 도자기 역사 연구 본격화.

1924년: 조선민족미술관(朝鮮民族美術館) 개관.

<제3회 조선미술전람회>에서 서양화 <꽃과 물방울(花と水滴)>, 조각 <어느 미술가(或美術家)> 입선.

교토 야나기 무네요시 저택에 체류, 각처에 소장 중인 조선 도자기 조사.

1925년: 나카오 만조(中尾万三), 고모리 시노부(小森忍) 등과 함께 계룡산, 강진 등의 가마터 조사.

도쿄 각처에 소장 중인 조선 도자기 조사.

<제4회 조선미술전람회>에 서양화 <꽃(花)> 입선.

『목식고승연구(木喰上人之硏究)』 3호에 수필 「목식고승에 관한 몇 가지(木喰さんについて二三)」 발표.

도쿄미술학교 공업구락부(工業俱樂部)와 교토요업구락부(京都窯業俱樂部)의 의뢰를 받고 조선 도자기에 관해 강연.

이 무렵 마스다 다카시(益田孝)와 친교를 맺고 회령의 도자기조합에서 가르침을 전수.

1926년: <제5회 조선미술전람회>에 동양화「단지와 아이들(壺と子供達)」 및 서양화 「정물(靜物)」 입선. 서양화 「이조의 도자기(李朝の燒物)」는 특선 선정.

전라북도 고창에서 도자기 제작 실험에 종사.

도미타 기사쿠(富田儀作)가 설립한 조선요예사(朝鮮窯芸社) 촉탁으로 요업 지도 및 기초 조사 실시.

1927년: 하카타(博多), 가라쓰(唐津), 나가사키(長崎), 야마구치(山口) 등의 가마터 조사.

<제6회 조선미술전람회>에 서양화 3점과 동양화 「명태(明太)」 입선.

차남 네이에쓰(寧悅) 탄생.

조선민족미술관에서 조선예술공예품 약 2,000여점 전시.

이 무렵부터 함경북도 회령 방면에서 매년 도자기 제작 시작.

1928년: 재단법인 계명회(啓明會)의 보조사업으로서 공동연구 「조선에 있어 고려 말기부터 이조 초기 도자기의 근본적 기초연구」에 대한 보조 결정.

<제7회 조선미술전람회>에 동양화 <단지 안 풍경> 입선, 조각 <스즈키 선생> 특선.

재단법인 계명회가 '조선도기연구회(朝鮮陶器硏究會)' 발족, 연구원으로 참여.

『조선급만주(朝鮮及滿州)』 7월호 「부인과 도자기(夫人と陶器)」 게재.

'조선의 취미를 이야기하는 모임(朝鮮趣味を語る會)'(이후 조선공예회) 제안 발족.

1929년: 전라남북도· 강원도· 평안남북도· 함경남북도 가마터 조사.

1930년: 충청남북도· 경상남북도· 황해도 가마터 조사.

『부산요와 대주요(釜山窯と對州窯)』 간행. 경기도· 전라남북도 가마터 조사.

1931년: 동생 다쿠미 병사.

경상남북도· 충청남북도· 전라남북도 가마터 조사.

1932년: <고(故) 아사카와 다쿠미 1주기 기념강연회>에서 「감상과 개안」 강연.

1933년: 전라남도 곡성에서 도자기 제작.

1934년: 연구조성사업 완료로 '일본흥업구락부(日本興業俱樂部)'에서 「조선고도기의 연구에 대하여」 강연 및 사업성과로서 조선 각지 가마터 출토 자기 조각 21상자 제출.

<조선고도사료대전람회(朝鮮古陶史料大展覽會)>에서 대형 조선지도 위에 각지의 발굴 파편 1만 점을 전시, 「조선 도기의 시대적 변천」, 「이조분원의 관요자기(李朝分院の官窯磁器)」, 「일본에 전래된 조선 다완(我國に伝來せる朝鮮茶碗)」 강연.

「조선 고가마터의 연구를 통해 얻을 수 있는 조선 요업의 과거와 미래」 강연.

함경북도 회령에서 <조선은행개업 25주년 기념식>을 위해 다완(茶碗) 300여 점 제작.

계명회 간행 『제55회 강연집 조선의 도자기』에 「조선고도기의 연구에 대하여」 수록.

『조선고가마터의 연구를 통해 얻을 수 있는 조선요업의 과거와 미래』 간행.

1935년: '문도회(聞陶會)'에서 「다도의 변천과 다완(茶道の変遷と茶碗)」 강연.

차남 네이에쓰 사망.

구라하시 도지로의 의뢰로 가라쓰에서 발굴 조사 진행.

1937년: 조선총독부 주최로 진행된 <조선미술전람회>의 공예부 참여(參與)로 취임.

1940년: 도미모토 겐키치와 함께 경기도 여주군 북내면 오금리 가마터 방문.

경성미술구락부(京城美術俱樂部)에서 「신체제하의 미술품(新体制下の美術品)」 강연.

회령· 곡성· 고창에서의 작품을 <미쓰코시(三越) 전람회>에 출품.

1941년: 구시 다쿠마(久志卓眞) 편저 『조선명도도감(朝鮮名陶図鑑)』의 머리글 「조선 도기에 대하여(朝鮮陶器に就いて)」 기고.

1944년: 「도자기 강의(陶磁器講義)」로 12회 연속 강연.

1945년: 곤도서점(近藤書店)에서 발행된 『조선의 회고(朝鮮の回顧)』에 「조선의 미술공예에 관한 회고(朝鮮の美術工芸に關する回顧)」 기고.

1946년: 미국 주둔군은 노리타카의 조선 미술공예 연구실적을 높게 평가하여 1946년 11월까지 조선 체류 허가.

조선민족미술관의 소장품 및 개인 소장품 약 3,000여 점을 국립민족박물관으로 이전하는 작업에 협력.

일본 귀국.

1947년: 일본도자협회 연구회에서 구로다 겐지(黑田源次), 야마시타 다이조(山下泰藏)와 함께 만주 및 조선 도자기에 관한 강연.

1948년: 에히메현(愛媛縣) 도베(砥部)에서 반년 남짓 도자기 제작.

야마다 기요시(山田紀慶)에게 도예 지도. <제4회 일본미술전람회>에 「미화다완(尾花茶碗)」 입선.

1949년: <아사카와 노리타카 도자기전(淺川伯敎氏作陶展)> 개최.

1950년: 일본도자협회 월례연구회에서 「어본다완에 대하여(御本茶碗について)」 강연.

1953년: 일본도자협회 추계대회 <고려도자명품전(高麗陶磁名品展)>에서 와병 중 강연.

1954년: <갑신합동미술전(甲信合同美術展)>에 「다완사계(茶碗四季)」, 「어문발(魚文鉢)」, 「소병(小瓶)」 등 3점 출품.

1955년: 『세계도자전집 제13권 조선상대·고려편(世界陶磁全集 第13巻 朝鮮上代·高麗篇)』에 「고려청자사고(高麗靑磁私考)」 기고.

1956년: '아사카와 노리타카 고희(古希) 기념회' 발족.

『이조의 도자(李朝の陶磁)』 간행에서 집필과 편집 담당.

『세계도자전집 제14권 이조편(世界陶磁全集 第14巻 李朝篇)』 간행에 「부산요(釜山窯)」 등 다수의 논문 기고, 작품 해설 집필.

1958년: 『다도잡지(茶道雜誌)』 4월호에 「함경북도 명천의 가마터」 기고. 일본도자협회 야마가타(山形) 지부의 '조선고도자를 감상하는 모임(朝鮮古陶磁を觀るの會)'의 강사.

『세계도자전집 제16권 현대편(世界陶磁全集 第16巻 現代篇)』에 「조선 현재의 민요(民窯)」 기고.

1959년: 『민예(民芸)』 8월호에 「조선민화의 소재에 대하여」 기고.

1960년: 『도자전집 제17권 이조백자·염부·철사(陶磁全集 第17巻 李朝白磁·染付·鐵砂)』 간행.

1961년: 야나기 무네요시 사망.

1964년: 1월 14일, 농흉(膿胸)에 의해 향년 81세로 사망.

ARI Humanities Series 1

Seeking Beauty of Joseon

Re-examining Noritaka Asakawa

First Published 2018
by The Asiatic Research Institute at Korea University
145 Anam-ro, Seongbuk-gu, Seoul 136-701, Korea
www.asiaticresearch.org

아연 인문교양총서 1

조선의 미를 찾다

아사카와 노리타카의 재조명

1판1쇄 | 2018년 2월 26일

지은이 | 정병호·엄인경
펴낸이 | 이종화
펴낸 곳 | 아연출판부
등록 | 2000년 5월 24일 제6-376호
주소 | 서울시 성북구 안암로 145 고려대학교 아세아문제연구소(136-701)
전화 | 02-3290-1600　팩스 | 02-923-4661
홈페이지 | www.asiaticresearch.org

값 13,000원

ISBN 978-89-90769-96-1 04300
ISBN 978-89-90769-95-4 (세트)

이 도서의 국립중앙도서관 출판시도서목록(CIP)은 e-CIP 홈페이지(http://www.nl.go.kr/ecip)에서
이용하실 수 있습니다(CIP제어번호: CIP2018004719).